资深HR手把手教你做
绩效管理

杨守勇 ◎ 著

中国纺织出版社有限公司

内 容 提 要

本书主要分为三部分，第一部分是绩效管理的现状，主要诊断和剖析当前企业绩效管理的痛点，包括企业亟待解决的痛点和企业管理者在实施绩效管理过程中遇到的问题；第二部分是绩效管理策略，主要是针对绩效管理的核心难题，给出可行解决策略；第三部分是绩效管理实战流程，主要介绍绩效管理体系的构成，包括绩效计划制订、绩效实施准备、绩效考核、绩效结果分析与评估、绩效反馈、绩效应用、绩效解码七个主要内容。本书语言通俗易懂，书中还提供了大量案例、表格、图解，方便读者解读、理解和使用。此外，本书内容翔实，在理论知识充分讲解的基础上具有极强的实操性。本书特别适合人力资源从业人员使用，而且还能为企业各级管理者提供管理方法和借鉴，对于高校人力资源管理专业学生而言，也是一本很好的企业绩效管理实战指南。

图书在版编目（CIP）数据

资深HR手把手教你做绩效管理/杨守勇著. ——北京：中国纺织出版社有限公司，2021.3
ISBN 978-7-5180-8438-8

Ⅰ.①资… Ⅱ.①杨… Ⅲ.①企业绩效—企业管理 Ⅳ.①F272.5

中国版本图书馆CIP数据核字（2021）第050396号

策划编辑：史 岩　　责任编辑：于磊岚
责任校对：王蕙莹　　责任印制：储志伟

中国纺织出版社有限公司出版发行
地址：北京市朝阳区百子湾东里 A407 号楼　邮政编码：100124
销售电话：010—67004422　传真：010—87155801
http://www.c-textilep.com
中国纺织出版社天猫旗舰店
官方微博 http://weibo.com/2119887771
天津千鹤文化传播有限公司印刷　各地新华书店经销
2021年3月第1版第1次印刷
开本：710×1000　1/16　印张：17
字数：200千字　定价：58.00元

凡购本书，如有缺页、倒页、脱页，由本社图书营销中心调换

前言

当前，企业中存在一种观念，认为"忙＝努力""忙而无功＝努力却能力不够"。员工很忙碌，就能证明这个人很努力、态度好；员工努力了却没有创造出理想的价值，是因为员工能力不足导致，这样忙而无功的员工，没有功劳也有苦劳，是值得被原谅的。

努力，既是一种心态，也是一种良好品质。对于企业来讲，花钱买的是员工创造的价值，而非努力。努力并不能补偿因能力不足而带来的低能低效。这种"没有功劳也有苦劳"的员工，不但没有为企业创造价值，而且是在浪费企业资源。对于企业发展而言，没有任何益处。为此，企业会逼走自己的员工，甚至那些终日努力工作的员工也在劫难逃。在员工看来，自己为企业兢兢业业，却最终换来了被挤兑走的下场，对此十分不满，认为企业卸磨杀驴。甚至还会散播一些负面信息，诋毁企业。最终，无论是员工还是企业，都被搞得两败俱伤。

如何能让企业不养无价值之人？如何才能让员工对企业给出的薪酬升降、职位升降等心服口服？关键在于管理。管理的本质就是为了达成目的。要想实现企业和员工双赢的局面，就要实行绩效管理。绩效管理，是企业发展和壮大的核心，是实现战略目标的有效工具。有了绩效管理，就能通过有效的绩效考核，将那些没有深度思考、机械执行的忙碌者在价值面前，被"打回原形"；让那些整日忙得手舞足蹈、毫无建树成果的人心服口服、无话可说。

但现实情况是，不少企业做绩效管理，是在"扎扎实实走形式"：每次做考核，表格、程序都备齐，管理者认真对待人力资源部下发的考核表格，在空白处打分……但为了不伤害下属的感情，为了避免与下属关系产生亲疏远近的嫌疑，管理者往往给下属打出的分数都会比较接近，也就是所谓的"趋中效应"。这样的考核结果，严重失真，不能作为员工薪酬和晋升的依据。同时，员工也对自己的实际工作情况并不知情，不知道自己有哪些地方需要改进和提升。这样产生的最终的结果是，员工的能力和绩效停滞不前，企业的利润得不到提升。于是，很多企业实施绩效管理的现状是轰轰烈烈地考核，冷静地做出评估，在煎熬中等待，最后恢复平静，一切像没发生过一样。

企业要想高效实施绩效管理，就要采用有效的方法，将绩效管理列入企业的经营活动当中。

首先，要明确绩效管理是一件大事。绩效管理对于企业发展来讲，意义重大。所以无论是员工、管理者还是企业，都应当明确绩效管理对企业发展的好处。这样做，是为了给员工和管理者一个警醒。对员工而言，绩效管理可以为其带来可观的收入、职位晋升的机会；对于管理者而言，绩效管理并不是可有可无的，也不应该轻视，而是其日常工作中不可或缺的一项工作，应当认真对待。事关员工命运、企业前途。无论是企业，还是管理者，或是员工，大家都是命运共同体，只有企业全员共同努力，才能将绩效管理这件事做好。

其次，要明确管理者在绩效管理中应当扮演的角色和要做的事情。在绩效管理中，管理者并不仅仅是管理他人，而是被赋予了更多的角色，要做更多的事情。包括扮演员工的合作伙伴，确定员工年度绩效目标；扮演员工的辅导员，帮助员工和辅导员工提升绩效水平，达到绩效目标；扮演绩效考核记录员，观察员工表现，为员工绩效建档；扮演公证员角色，保证员工绩效考评公平、公正；扮演专家角色，帮助员工进行绩效结果诊断，为员工提供改进方法。

再次，管理者要明确绩效沟通的重要性。绩效管理的过程，其实是一个沟通的过程。只有员工和管理者坦诚沟通，才能有效帮助员工提升绩效水平，实现企业战略目标。

另外，管理者要明确绩效反馈的重要性。一个完善的绩效管理体系中，绩效反馈不可或缺。但有效的绩效反馈，会使员工和管理者共同发现问题，共同制订改进计划，获得共同进步的机会。

最后，管理者要明确绩效管理系统诊断的重要性。绩效考评结束之后，管理者应当沉下心来，思考绩效管理实施过程中，员工、组织部门、企业面临的问题，并分析其原因，提出改进议案，为绩效管理系统的改进做进一步的努力。

总之，一个企业，要想做大做强，离不开企业全员的推动力量。绩效管理已经成为当前有效提升全员能力和业绩，进而帮助企业发展壮大的核心工具。在激烈的市场竞争中，企业管理者学习和掌握绩效管理的内涵和操作方法，刻不容缓。

本书共分为三部分，第一部分是绩效管理现状，主要诊断和剖析当前企业绩效管理的痛点，包括企业亟待解决的痛点和企业管理者在实施绩效管理过程中遇到的问题；第二部分为绩效管理策略，主要是针对绩效管理的核心难题，给出可行的解决策略；第三部分是绩效管理实战流程，主要介绍绩效管理体系的构成，包括绩效计划制订、绩效实施准备、绩效考核、绩效结果分析与评估、绩效反馈、绩效应用、绩效解码七个主要内容。

本书语言通俗易懂，书中还提供了大量案例、表格，方便读者解读、理解和使用。此外，本书内容翔实，在理论知识充分讲解的基础上具有极强的实操性。本书特别适合人力资源从业人员使用，而且还能为企业各级管理者提供管理方法和借鉴，对于高校人力资源管理专业学生而言，也是一本很好的企业绩效管理实战指南。

杨守勇

2021 年 2 月

目 录

第一章　管理现状：绩效管理痛点诊断与剖析
　　第一节　行业绩效管理面临亟待解决的痛点 / 2
　　第二节　企业管理者绩效管理主要问题 / 10

第二章　难题解惑：绩效管理核心难题的解决之道
　　第一节　改善绩效，从改变思维开始 / 26
　　第二节　企业绩效问题改善对策 / 36

第三章　绩效计划制订：绩效管理要有计划推行
　　第一节　绩效计划的作用与原则 / 50
　　第二节　绩效计划准备 / 54
　　第三节　绩效计划按时间、责任主体分类 / 58
　　第四节　绩效计划制订流程 / 68

第四章　绩效实施准备与保障：从战略解码到绩效落地
　　第一节　实施准备：不做"无头苍蝇" / 126
　　第二节　实施保障：为绩效管理的实施保驾护航 / 136

第五章　绩效考核：考核是为了更好地激励
　　第一节　明确绩效管理考核的内容与原则 / 146
　　第二节　掌握绩效考核实操流程 / 154

第三节　有效的考核工具是最好的撒手锏 / 169

第六章　绩效结果分析与评估：有效评估考核成员的业绩情况

第一节　绩效结果分析的内容 / 176
第二节　绩效考核评价的三大方法 / 186

第七章　绩效反馈：助力考核达到预期目的

第一节　反馈价值：有效监控绩效管理落地情况 / 194
第二节　反馈流程：有效的反馈对绩效管理大有裨益 / 198

第八章　绩效应用：绩效管理落地才是硬道理

第一节　薪酬激励：激励是最好的管理 / 212
第二节　人力资源规划：有规划才有未来 / 217
第三节　组织培训：有效弥补员工能力短板 / 230
第四节　绩效改进：在改进中成长和提升 / 236

第九章　绩效解码：常见绩效落地问题答疑

第一节　绩效考核，谁说了算 / 246
第二节　如何避免绩效考核中的"老好人"现象 / 249
第三节　员工不接受绩效考核结果怎么办 / 251
第四节　高绩效员工是否需要遵循企业规章制度 / 252
第五节　如何化解老板要业绩和员工要高薪的矛盾 / 255
第六节　如何使绩效考核简单易行 / 258
第七节　绩效指标是不是越量化越好 / 259

参考文献 / 262

第一章
管理现状：绩效管理痛点诊断与剖析

　　一个企业要想在经济发展全球化环境中更好地生存，需要有超强的产品竞争力，还需要不断提升企业全员能力以应对各种新的挑战。因此，企业内部绩效管理成为企业发展过程中新的关键点。

资深HR手把手教你做绩效管理

第一节 行业绩效管理面临亟待解决的痛点

很多企业每次在内部推行绩效管理，都像是面对一场没有硝烟的战争。公司全员在利益重新分配下的暗流涌动，再加上新旧体制的相互碰撞，使得绩效管理体系推行者每走一步都如履薄冰。更重要的是，在实际推行过程中，却难以换来理想的推行效果，这也是很多企业在管理方面亟待解决的痛点。

一、员工讨厌绩效管理，参与积极性不高

当前，很多企业在实施绩效管理的过程中面临着一个重要的问题，那就是员工讨厌绩效管理，参与积极性不高。

案例：

我的一个朋友在一家中小企业做人力资源。刚入公司时，他主要负责搭建团队工作，同时还负责业务部门的人才招聘，那时候他与公司各部门的人员关系都挺不错。但是，公司政策的改变，要重点抓员工绩效，领导就安排他做数据统计和核算工作。由于在复核方面需要相对严格，所以公司同事都明里暗里地排挤他。而且他注意到，自从推行绩效管理制度之后，公司很多同事的工作状态越来越糟，积极性反而变差，甚至有不少同事闹着要离职。

朋友所在公司的员工，显然对绩效管理工作不情愿、不支持、参与积极性不高，甚至"恨屋及乌"，连同实施绩效管理的人员都开始讨厌。朋

友所在公司的绩效管理实施情况可见一斑，当前很多企业在绩效管理的过程中，几乎都呈现出相同的特点：高层管理者喜欢和支持绩效管理，底层员工讨厌和反感绩效管理。

那么为什么有的员工会如此抵触绩效管理的实施呢？主要有以下三方面的原因。

1. 员工担心存在收入下降风险

每个人工作，就是用自己的知识、技能、经验、能力、价值换取等价的收益。而且，在利益取舍问题上，趋利避害是一个亘古不变的选择规律。

有的员工讨厌绩效管理的推行与实施，其实就是担心自己的收入有下降风险。在推行之前，员工拿着与自己付出相对等的工资，但实施绩效管理之后，有的员工可能会获得更高的收入，有的员工也会因此而收入降低。与此同时，绩效管理还会根据员工实际业绩情况给予相应的奖惩。这样，有的员工会因此而获得奖励，有的则会受到惩罚。这又直接影响着员工的收入，一旦做不好，就会面临收入上的损失。

2. 员工认为奖惩是羊毛出在羊身上

绩效管理对员工实施奖惩制度，每月、每季度、每年能拿到奖励的人占少数。工作做不好，工资被克扣的人也不在少数。即便能够拿到奖励，也只不过是拿自己的钱，是公司找了个理由将之前克扣的工资归还给了自己。他们认为，这种奖惩制度，需要他们付出更多的努力才能拿到原本属于自己的工资，本质上就是一种羊毛出在羊身上的制度。

3. 员工不想有太大的工作压力

实施绩效管理，就会通过绩效考核，检验员工在一段时间内的工作效率和工作能力。对于企业来讲，通过这种方法可以实现优胜劣汰，提升企业的能效性。但对于员工来讲，很多人并不喜欢绩效考核，原因就是绩效考核会给人带来十分激烈的人员竞争，会给自己带来很大的压力，而且他们也不喜欢拿自己的业绩去跟别人比较，不喜欢一个人的工作水平被别人评论，由此他们的内心就会产生忧愁和焦虑。

二、工作量大，考核得分反而少

相信很多企业在实施绩效管理的过程中，都会遇到这样的情况：员工工作量较大，但员工在考核后的得分反而少，拿到的工资也因此而减少。这是企业和员工之间难以逾越的痛点。

案例：

A公司从三年前就开始推行绩效考核，部门经理的绩效考核指标是由总经理制定；部门经理以下员工的绩效考核指标是由部门经理根据部门考核指标向下分解来制定的。但是在执行过程中出现了一个重要的问题，就是员工工作很努力，绩效考核的得分反而低，工资反而少。

从案例来看，部门经理根据部门考核指标向下分解，这个设计思路是没有错的，但是出现员工工作量上升，而收入反而下降的现象，直接会导致员工对绩效考核的抗拒和反感，这样的考核设计必然会失败。那么，问题究竟出在哪里呢？来看另一个案例。

案例：

一个生产工艺品的企业，在生产主管的绩效考核指标当中，有一项指标叫作生产计划达成率。所谓生产计划达成率，就是当月实际生产的工艺品数量和当月计划生产的工艺品数量的比例。

该企业计划在本年度5月生产5000件工艺品，实际上该企业在5月生产工艺品的数量完成了计划生产数量5000件，那么该企业的生产计划达成率就是100%。

假如该企业计划本年度6月生产10000件工艺品，而实际上该企业在6月生产的工艺品数量是9000件，那么它的生产计划达成率就是90%。

假设两个月生产的工艺品型号相同,5月生产计划达成率是100%,6月的生产计划达成率是90%,从传统的绩效考核来看,生产部门哪个月的工资会高呢?显然5月的生产计划达成率是100%,所以工资要高。除了绩效考核这部分工资之外,生产部门的员工还能得到额外的奖励。但6月生产计划达成率只有90%,员工的奖金自然是无望的,甚至还有可能会被公司处罚或者在绩效考评会上受到批评。

面对这样的情况,生产部门的员工自然会不满,他们认为:6月比5月多完成了4000件工艺品,却因为绩效考核,不但没有获得奖励反而受到惩罚、影响自己的收入,这样是十分不公平的。

相信在很多企业都会遇到这样的情况,企业用完成率来考核员工,如生产计划达成率、销售额达成率、培训计划达成率、招聘计划达成率等,无论什么样的达成率,都是为了企业管理者当月下达的任务能够按时、按量完成。但这也直接导致员工的不满,管理者直接与老板讨价还价。老板自然希望任务目标定得越高越好,管理层和员工却希望目标定得越低越好。这样的现象是不正常的,不但没有激起员工的工作积极性,反而引起员工出现讨价还价的行为,认为少做更好。

显然,之所以会出现这样的情况,是因为设计绩效考核时没有将企业和员工的利益平衡,主要表现在以下两个方面。

1. 设计绩效考核,为了考核而考核

很多企业进行绩效考核,只是为了考核而考核。将考核定位在评价上,评价员工的贡献,而员工却不能获得相应的激励,反而在只有目标、只有压力的情况下工作。员工没有因为考核得到激励,反而备受打击。在日后的工作中,员工不会将企业的目标当作自己的目标,不会认为自己的工作是在为企业做而是在为自己做。所以,员工不愿意付出更多努力、不愿意去挑战自我、不愿意为企业创造更多的价值。其实,员工讨价还价的背后,是在为自己争取权益,这是人性的驱使。

2. 绩效考核重产值、价值，轻产量

产量越高，并不意味着员工的工作结果越好，也并不意味着员工获得的收入越高。从企业的立场上来看，企业自然更加注重产值，因为企业认为产量高并不等于产值高，产值比产量更有价值。虽然员工的工作负荷量、工作强度增加了，但他们给企业带来的产值、价值却没有增加，所以工作量大并不等于工作产值高。员工工作虽然很努力，但并没有为企业带来更多的利润、做出更有效的贡献，因此就不能获得很高的回报。

相信很多人会认为，员工从事高负荷量、高强度的工作，没有功劳也有苦劳，为何企业不给员工更有实际意义的薪酬呢？

案例：

业务员A是一家公司的楼房销售员，他每天上班疯狂地给客户打电话、下班后很勤快地走访客户，但连续三个月却依旧没有创下显著的业绩。对于业务员A来讲，他的确付出了比别人更多的努力，但却没有为公司带来有效价值。公司即使给这样的业务员评高分，也没有任何价值。评高分，只是对这名业务员的鼓励，但不会给予他实质性的资金奖励。

绝大多数企业老板面对这样的员工，都会给予精神鼓励，但不愿意给予实实在在的资金奖励。因为他们更加看重的是高价值、高产值的员工，愿意为他们付出更高的薪酬。

没有创造价值的产量，是低效的，甚至会耗费人力、资源和时间，却没有给企业带来实际的贡献。因此员工做得多拿得少，在某种情况下是存在的。企业认为，作为一名员工，就需要为产值和价值负责。

三、上下难以奏响共鸣曲，管理难以有序实施

绩效管理，之所以被人力资源（HR）所推崇，就在于它不仅关系到企业战略执行的成效，还能成为统一企业上下员工价值观的最好契机。但

是，有的企业在具体实施过程中却发现，内部成员上下难以奏响共鸣曲，管理难以有序实施。

案例：

一家小型房地产公司分部门店为了提升整个门店业绩，指派一名管理人员制订绩效管理计划，并负责督促计划实施。没想到的是，在绩效考核刚刚推行的第一个季度，就出现了问题。原因是该管理者制订的绩效管理计划，采取的是"一刀切"的标准，根据绩效考核标准得出的评价结果是，高层无销售额达成率，中基层无干部培养达成率、招聘计划达成率、培训计划达成率等。面对这样的考核结果，表面上看门店内上下级成员并没有考核达标。

显然，该管理者在制订绩效管理计划时，将门店内全员"打包"混为一谈实施绩效考核，这种方法是不可取的。该考核方式得到的考核结果是片面的，容易使全员上下对这样的考核方式不满，使得绩效管理难以为继。

通常，造成绩效管理难施展的原因有两点。

1. 对考核对象职位分析不到位

很多企业在开展绩效考核工作时，采用同一种考核标准，无论高层、中层还是基层员工，考核标准都相同。这样的考核没有分层，因此难以做到精确。

企业内部员工，高层、中层、基层，每个层级的员工其职位、工作内容、工作标准各不相同。采用相同的考核标准，如果过于偏向高层，会导致企业整体"做实"不够；如果过于偏向基层，会导致整个企业死气沉沉。对大多数团体而言，需要寻找统一的、合适的管理模式。但在绩效考核的问题上，如果依旧"一刀切"，就会使中高层和基层员工的考核标准混为一谈，这样就违背了绩效管理所倡导的以事实为依据的原则，使绩效考核失去了应有的意义。

案例:

华为在绩效考核方面摸索出了自己的一套方法。华为采取的是分层考核机制。华为在最新修订的《华为公司绩效管理暂行规定》中,明确指出:要破除固有考核方式,对不同层级的员工以岗位职责为基础,以员工需求为牵引,关注不同的考核关注点。"对于高层领导,关注长期综合绩效目标的达成和对公司长期利益的贡献,重视团队建设和干部后备队伍建设,不断提升领导力素质,确保公司的可持续发展。对于中高层主管,兼顾中长期绩效目标的实现,促进业务规划的有效落实,关注团队管理、干部员工培养业务运作,提高业务和干部培养的成功率,使之带领的团队持续地产生更大的绩效。对于中基层员工,要按照本职岗位上短期绩效目标的实现和过程行为的规范,强调实际任务的完成和绩效不断改进。对于基层员工,要把劳动成果放在第一位,劳动技能放在第二位。"

显然,华为的绩效管理,对于不同阶层的员工给出了极为详细的考核目标,这使华为的绩效考核结果更加精准、有效。

2. 绩效考核机制不健全

有的企业在绩效考核机制方面不够完善、不够健全。如考核评价的方式方法相对单一,通常考核以年度为考核时间节点,忽视日常考核;考核评价标准比较笼统,导致工作难以在不同层级成员之间有效推行;考核等次的激励作用发挥不够,使企业上下成员对激励与惩处表示不满等。这些不健全的绩效考核机制,会使企业上下成员不知道自己哪些长处受人青睐,所以难以再接再厉;也不知道自己的不足在哪里,所以难以修正自己的错误。

四、耗时耗力,却收效甚微

现代企业管理理念深入人心,如何让绩效管理在企业全员中收获理想成效成为众多企业关注的焦点。员工绩效管理，是每个企业都想做好却通常做不好的事情。很多时候，企业耗时耗力，却收效甚微。

造成这种结果的原因有以下五方面。

1. 目标定位错误

目标定位错误，换句话说，就是绩效考核的理念错误。

有的企业将绩效考核看作需要发奖金给员工的考核，甚至一些企业为了扣罚员工工资而进行考核。这类企业，往往将考核当作罚款的代名词。持有这种考核理念的企业，通常十有八九是要失败的。因为理念错误，将绩效考核当作惩罚员工的工具，员工自然对绩效考核产生厌恶情绪，这样的绩效考核只能一步步走向死胡同。

2. 方法不当

之所以绩效考核结果事与愿违，很多时候是因为管理者能力不足、考核方法不当引起的。

案例：

一家生产假牙的企业，在假牙行业中立足已有十多年。但是随着市场的不断发展，这家企业意识到，市场竞争越来越激烈，需要加强整个企业员工应对市场挑战的能力，才能让企业在市场中永远生机勃勃。

于是，这家企业开始自建团队，摸索做关键绩效指标（KPI）体系。历时一年之后，一本绩效考核指标出炉，却难以实施推广。其原因在于，该团队第一次做 KPI 体系，没有经验，只是摸着石头过河，在实施的时候遇阻。

从这家企业的案例中，我们不难发现：方法不对，即便再好的愿景，也难以实现。

3. 执行过程中出现偏差

绩效管理的实施者是企业管理者，参与者和执行者是企业各层级员工和企业老板。企业推行绩效管理，耗时耗力却收效甚微，很有可能是因为在执行过程中出现偏差。在执行过程中，态度很重要，不认真、不负责、想要走捷径，往往难见成效。

4. 员工没有得到及时反馈

根据心理学研究表明，及时反馈往往对于改进和提升工作能力起到极其重要的作用。很多企业的绩效考核是一年进行一次，这样在进行考核评价的时候，就体现出"批量化"的特点。这样的评价难以对员工的实时表现进行及时反馈，不利于员工实时、快速成长。

5. 未能持续改进

企业随着市场的动态发展而向前发展，在不同的阶段呈现出不同的发展特点。所以，在制定绩效考核时，也需要阶段性改进。一劳永逸、不思改进，只能让企业在推行绩效管理的过程中阻碍重重。

企业在发展初期使用一种KPI。在一段时间之后，企业的发展逐渐处于上升期，此时员工的行业认知水平、业务能力、企业目标与需求等都发生了巨大变化，这都需要有全新的KPI对员工进行考核。如果依旧沿用发展初期的KPI，不做任何改进，绩效考核的有效性将受到影响。

除了以上几点之外，绩效考核的执考人和被考人关系是否融洽，也是影响绩效管理成效的重要因素。只有执考人和被考人之间相互合作、相互配合、相互沟通，才能把企业的绩效管理逐步推向成功。

第二节　企业管理者绩效管理主要问题

当前，在企业运营管理过程中，绩效管理存在多方面的问题，归纳起来主要有以下四方面：企业绩效管理面临本身的认知问题、绩效制度设计本身出现的问题、执行过程中"人"的问题、对绩效结果的应用问题。

一、企业绩效管理面临本身的认知问题

企业管理者在绩效管理问题中，最重要的一点是，企业管理者对绩效管理本身的认知存在一定的问题。正确的认知对正确行为的发生起到导向作用。如果认知出现问题，后续执行的过程中必定出现偏差。常见的企业管理者对绩效管理本身的认知问题表现为以下十方面。

1. 重绩效考评，轻绩效过程管理

很多企业管理者认为，填写绩效考评表就是在做绩效管理。实际上，这只是绩效管理其中的一个环节。完整的绩效管理包括绩效计划、绩效实施、绩效考评、绩效沟通、绩效反馈、绩效改进。而这些往往是保证绩效管理能够有效实施的必不可少的环节。当前，绝大多数的企业，所做的绩效管理，还只是停留在绩效考评阶段。

2. 过分注重考核工具，忽略了考核的可行性和适用性

许多企业在做绩效管理时"一刀切"，不论岗位、部门性质，采取同样的考核工具。但这样的做法，忽视了绩效管理实施过程的科学性、合理性、可操作性等，往往难以达到真正的考核效果。主要表现为全员受罚，严重影响了员工参与的积极性，还影响整个企业的竞争力和战斗力，企业利益因此而受损。最终不仅浪费了时间、精力，还浪费了高额的考核成本。

3. 绩效管理仅仅是人力资源的责任

很多管理者错误地认为，绩效管理与人力资源部门挂钩，所以是人力资源的责任。这种想法是错误的。绩效管理实则面向整个企业，不论是哪个部门，都需要参与进来。

案例：

某公司要开展绩效管理工作，老板认为这项工作是人力资源部的事情，就将任务交给了人力资源部的经理去做。这对于人力资源部经理来说，一没有从事相关工作的经验，二在这方面没有相关的专业知识做指

11

导。但老板安排下来又不得不做。所以，他灵机一动参照了其他公司的绩效管理模式，并结合自己公司的特点，做了些许改动，便在自己所在公司内进行推行。进入实际考核阶段，问题便都显现出来：其他部门不愿意配合考核工作，不提供相关数据；员工参与积极性差；很多员工上有政策下有对策，想方设法钻空子……一系列的问题压在了人力资源部经理的身上，绩效考核执行力差，效果更差。老板经常将人力资源部经理叫到办公室进行批评和指责，人力资源部经理处于尴尬而艰难的境地。最终，实在难以继续下去，人力资源部经理便引咎辞职了。

透视该案例，企业老板认为公司的绩效管理工作就应当让人力资源部去做，"赶鸭子上架"，结果却没有形成良好的绩效管理体系，使得人力资源部经理的工作出现"瓶颈"。最后，公司也因此失去了一名人力资源部的良将。整件事情，错就错在老板认知问题上，将绩效管理看作人力资源的责任。

4. 注重短期绩效，忽视长期绩效

很多企业往往目光短浅，他们只希望能够快速看到短期内的利益和绩效，却忽视了长期绩效的重要性。这样的企业往往难以快速成长，难以有更好的发展前景。

5. 跟风模仿，忽视企业自身特点与适配性

有的企业看别人怎么做，自己就跟着怎么做，根本没有考虑自身特点是否适用于别人的绩效管理模式。这种盲目的拿来主义，并没有使企业收获理想的绩效管理效果，反而让整个企业陷入进退两难的尴尬境地。

6. 错误地认为绩效管理包治百病

不少企业管理者认为，绩效管理能够"包治百病"。所以，当企业绩效出现问题时，就开始实施绩效管理制度。但实施后，却发现企业绩效依然难以提升，认为是人力资源部门没有做好绩效管理工作。事实上，绩效管理只是企业管理的一个组成部分。企业出现管理问题，有时候问题可能出

在其他管理上，如流程管理、质量管理、制度管理、目标管理等。不要错误地认为绩效管理是企业管理的良药，它只是众多管理工具中的一种而已。

案例：

某生产医用口罩的公司，为了提升公司效益，便在全公司展开绩效管理工作。但有意思的是，在绩效管理工作进行了半年之后，该公司老板从公司各项数据来看，半年来公司的业绩不但没有提升，反而有所下滑。而接手绩效管理工作的人力资源部主管认为，一定是绩效管理的某个环节出现了问题。于是对绩效管理计划等各环节进行完善和改进。又过了半年，公司效益依旧没有起色，而且呈缓慢下滑趋势。

于是，他们专门请来了专业的咨询公司对企业员工绩效考核系统进行诊断和改进。咨询公司通过调查发现，这家公司太过注重绩效管理，而忽视了其他方面的管理。他们并没有结合质量管理，导致员工为了追求口罩生产数量上的达标，而放松了质量关。经检验，上半年，其口罩合格率为95%，下半年，其口罩合格率为86.5%。质量下降，客户好评率差，新客率和复购率降低，业绩自然难以提升。

显然，企业要想提升绩效，绩效管理、流程管理、质量管理、制度管理、目标管理等齐抓，才能收效。

7. 对绩效管理不够重视

很多企业的管理者，往往墨守成规，他们的管理理念和管理方法往往缺乏时代意识，因此对绩效管理的实施不够重视。甚至有的企业只关心企业利益和效益，却不知道如何利用绩效管理来提升业绩，以至于绩效管理形同虚设，失去了存在的意义。

8. 忽视企业文化在绩效管理中的导向作用

企业文化是一个企业发展中不可缺失的一部分，没有企业文化的企业，没有凝聚力和向心力。企业开展绩效管理工作，如果忽视企业文化的导向作用，就会使各层级员工失去参与绩效管理的积极性。

9. 未能正确理解绩效考核的目的

实施绩效考核的目的究竟是什么？很多企业管理者对这个问题并不明确。他们认为只要把企业考核指标设定好了，到时候进行考核，借助考核结果来升降员工薪酬。他们认为这样就做好了绩效管理。他们从来没有考虑造成考核结果的原因是什么，也没有考虑如何才能通过绩效考核提升企业的绩效。事实上，实施绩效管理，主要的目的是通过绩效管理，以奖惩员工的方式，提高员工、部门绩效及整个企业的绩效。

10. 管理者对考核内涵不明确

管理者对考核内涵的理解不同，则绩效考核难以有效实施。以招聘合格率为例。如管理者是将"合格"界定为能通过试用期，还是能在企业待满三个月？如果在考核内涵上不明确，考核结果就会出现偏差。甚至会错误地引导员工朝着错误的方向努力，在绩效考核过程中做徒劳的无用功。因此，管理者在制定考核项目时，需要明确考核的具体目标、具体标准，以避免在考核的过程中产生歧义。

总而言之，企业管理者是保证企业绩效管理能够有效实施的重要责任人。只有企业管理者对绩效管理有正确的认知，才能引导企业全员正确执行绩效管理，高效实现企业绩效的提升。

二、绩效制度设计本身出现的问题

绩效管理本质上是通过绩效考核、激励员工的工作能动性，提升员工的工作效益。但绩效管理能否成功，关键的一点就是要有一套有效、可行的激励方案。设计绩效制度，是绩效管理有序实施的重要法宝。但很多时候，企业实施绩效管理，成效却差强人意。究其原因，就在于绩效制度本身出现了问题，其表现主要有以下十方面。

1. 考核只面对中层和基层，不包括高层领导

企业开展绩效管理工作，就是对企业全员，包括高层、中层、基层所

有员工进行管理，以达到提升企业绩效的目的。因此，在实施的过程中，要一碗水端平。即便考核目标不能做到上下一致，也不能助长官僚主义。

2. 考核制度流于形式，没有重点

一个企业，在不同的发展阶段，其需要考核的内容在权重方面也是不同的。但很多时候，制定的考核制度却只是流于形式，失去了考核的真正意义。甚至有时候，会盲目追求面面俱到，这种没有重点的考核，不如不考。切忌眉毛胡子一把抓。

3. 目标设置得过高或偏低、太烦琐或过于简单

考核目标设置合理，才能达到有效的考核目的。设置得过高或偏低、太过烦琐或过于简单的绩效考核制度，难以获得真实的考核结果。这样的考核是徒劳的。

4. 考核指标千篇一律

一个企业由多个不同部门组成，每个部门的情况有所不同，所以考核指标也应当有所区别。如果考核指标设置，不考虑实际情况变动，企业上下千篇一律，大家年年如此，月月如此，考核也就成为一件劳民伤财的事情。

案例：

某小型啤酒生产厂，年初制订了一项绩效管理计划，提出企业战略目标：销售部门15位员工，每个季度的部门啤酒销量不得低于90000升，平均每位员工月销量为6000瓶。低于该目标，员工将被扣除工资的10%，高于该标准，员工将得到工资15%的奖励。

从第一季度到第二季度，随着气温逐渐上升，消费者对啤酒的需求逐渐上升；第三季度到第四季度，随着气温逐渐下降，消费者对啤酒的需求逐渐下降。所以，不同的季度，消费者对啤酒的需求量不同，反过来影响了销售人员的销售业绩。所以该部门的销售人员全体越过直属上司，找到了老板，表明对这种考核标准极为不满。

的确，啤酒的销量会受到淡季和旺季的影响而有所起伏，该厂的管理者没有综合考虑多方因素而制定了千篇一律的考核指标，引发员工的不满也是迟早的事情。管理者应当根据不同的因素，及时对考核指标进行重新调整。

5. 绩效目标缺乏关联性

很多时候，设计的绩效考核制度中，往往企业整体目标、部门目标与员工目标之间缺乏关联性。如果管理者出于个人的美好愿望制定了企业目标，而员工往往对这样的企业目标不能理解，这就使得员工很难有动力为了企业目标的实现而积极工作。因此，在设计绩效考核制度的时候，一定要思考不同绩效目标之间的关联性。可以将企业目标进行层层分解，将企业目标细化到各部门、各员工，并让各部门和员工明确各种绩效目标设置的出发点和目的，让员工了解绩效目标对企业能够产生的价值。这样大家在积极实现各自目标的同时，也快速实现了企业的预期目标。

6. 过于注重量化

很多企业在设计绩效考核制度时，过于注重量化，认为量化指标更加便于识别员工的考核成绩，如销售人员的"销售额"指标。但并不是所有的工作岗位都适合将考核成绩加以量化，如果为了考核而考核，选择了不合适的量化指标，很可能会失去绩效指标的意义。

绩效考核制度的设计，原本是为员工努力提供有效的方向，也为员工明确了需要努力的程度。设计合理的绩效考核制度，是绩效管理的核心所在。管理者在设计绩效考核制度的时候，要不断思考、不断调整，不断明晰企业的绩效体系，以达到员工不断提升自我，企业不断发展壮大的目的。

7. 缺乏激励机制

有的企业在设计绩效考核制度时，只设计绩效考核指标，不设计绩效考核激励机制。"光让马儿跑，不给马吃草"，这种思想和做法要不得。只有将激励机制与员工工作业绩挂钩，才能激发员工的工作积极性，提高参与绩效管理的主动性。

8. 缺乏评价与监督

绩效考核不是随随便便就可以进行的，还需要在开展考核工作的过程中，做好评价与监督。绩效考核制度设计中缺乏评价与监督，会增加绩效考核活动开展的盲目性。由于无法对绩效考核进行评价，使得绩效考核方法，绩效考核目标的确立等工作无法得到应有的保障。由于没有良好的监督，绩效考核中即便出现问题也无法及时发现，无法在第一时间加以改进。这样会大幅削弱绩效考核的有效性。

9. 考评周期设定不合理

很多企业做绩效考核，只在每年年底进行一次。这样的考核周期过长，不能很好地体现出被考核者的工作情况和业绩情况。有的企业考核频率太过频繁，甚至每周考核一次，加重了员工的压力和负担，不利于员工为企业做贡献。另外，如果不同部门的员工，设定相同的考核周期，也是非常不合理、不科学的。

案例：

某服装生产厂，在设计绩效考核计划时，对于生产部门的员工、销售部门的员工，管理人员的考评周期设定为"一刀切"，即三个部门人员的考核周期相同，都为一个月。结果，管理人员得到的考核结果与预想的落差很大，通过考核数据分析发现，管理人员的很多管理工作都没有按时完成。事实上，造成这样结果的原因在于，管理人员的管理工作是一个长期性的工作，其工作性质，决定了其考核周期必定比生产部门的员工、销售部门的员工要长很多。按月进行考核，显然很不适宜。

10. 没有全面考虑绩效管理参与者的利益

一个企业包含多个阶层，如大股东、小股东、高层管理者、中层管理者、基层管理者、研发人员、市场人员、生产人员等。不同的阶层代表了不同的利益。如果企业在进行绩效管理制度设计时，没有全面考虑到绩效管理参与者的利益，就容易让其他参与者感觉到利益有所倾斜，进而失去工作积极性和动力，不能很好地将他们团结起来为企业的发展做贡献。这样设计的绩效考核制度是失败的。

三、执行过程中"人"的问题

绩效管理面向的对象是企业中的各成员，所以绩效管理在执行过程中，要解决的所有问题，都是有关"人"的问题。以下是我总结的绩效管理在执行过程中有关"人"的问题。这里的"人"的问题，包含了管理者、员工等所有参与绩效管理的人员所表现出来的问题，主要有以下十方面。

1. 考核者带着中庸思想工作

有的考核者信奉中庸之道，所以他们不愿意做反面考核，认为如果员工被评为劣等表现，会给员工心理造成负担，影响其工作积极性。考核者在这种心态下做出的考核结果必定是含糊、失真的，所以这样并不能对员工形成有效的引导，也不能真正达到提升员工能力、企业效益的目的。

2. 征求员工意见过于民主化

在制定绩效目标时，与员工共同商议无可厚非。但人都有自私心理，对于员工来讲，自然是目标定得低一点、考核标准宽松一点，这样是最好的。除非那些真正喜欢挑战、喜欢追求成就感的人，才不会有这样的想法。一个好的企业，民主是必要的，但也不能太过民主。员工的意见虽然可以征求，但并不是要一味迁就。离开了民主集中制的目标制定原则，对员工成长和企业的发展非常不利。

3. 管理者绩效领导力不足

管理者在实行绩效管理的过程中，将起到十分重要的推动作用。作为主要负责人，不少管理者往往表现出缺位和错位现象。缺位就是管理者未能承担起相应的绩效管理职责，在绩效管理实施的过程中，没有投入精力和时间。错位是指管理者自降一级，总经理做着总监的事，总监做着部门经理的事，部门经理做着主管的事。这两种情形，实际上都表现出管理者绩效领导力不足的特点。

4. 考核者滥用职权

绩效考核的过程中，考核者本应扮演一个正义、公正的角色，但有的时候，他们会因为与个别员工之间有亲属关系、友谊关系等，而滥用职权，为员工做虚假数据、虚假考核结果。如果员工平时的表现与考核结果出现反差，则考核者很有可能是在滥用职权，这将导致考核制度的不公平。

5. 晕轮效应导致考核结果失真

很多时候，在考核员工业绩时，由于过分注重员工在某一方面的突出优势，而忽略了其他方面的评估，导致影响评估结果的现象。我们将其称作"晕轮效应"。

案例：

某公司一职员，每天上班总是早早赶到办公室，并且在工作时间里总是表现得忙忙碌碌，下班又比别人晚走。所以，这位职员在管理者心中就烙下了"勤勤恳恳"的印记，给管理者留下了好印象。

在两周一考核的时候，管理者对员工进行绩效评估时，总是给这位员工很好的评价。然而，从业绩数据来看，这位员工在一年中的综合表现，如工作效率、工作成果等，在全公司只能算是中等。

显然，这种"晕轮效应"下的考核评价有失偏颇。在进行绩效考核时，很多员工的考核结果都会因此而失真。

6. 缺乏有效的绩效沟通

绩效评估的目的，是发现问题、解决问题、提高绩效。当前，很多企业的绩效管理流于形式，缺少有效的绩效沟通，导致企业绩效管理成效甚微。在绩效考核过程中，管理者与员工如果接触较少，就容易出现"晕轮效应"，管理者容易凭借员工给自己留下的印象来作为评价标准，而不是根据实实在在的数据做判断依据。这就使得考核标准具有了很强的随意性。而且考核后，员工不知道自己的缺点和优点在哪里，不知道如何有效提升自己的工作能力。这就使绩效考核没有发挥出其应有的价值和意义。

7. 绩效管理信息不透明

绩效管理过程中需要做绩效考核，然而考核内容和结果都要明确。员工很多时候知道企业正在实施绩效管理，但根本不知道考核内容和评价标准。原因是管理者并没有将绩效管理的信息在员工中间透明化。员工只能从自己工资的起伏情况来推测自己的考核分数。这样，员工根本不知道自己欠缺的地方在哪里，哪些方面需要做出改进和提升，对员工的成长没有太大的意义。做绩效管理，并不是需要管理者对员工的所有考核信息都公之于众，但至少要让员工知道在绩效考核中自己的考核结果，以明确自己在日后工作中努力的方向。

8. 管理者对绩效管理工具的应用不熟练

绩效考核的工具有很多，但有的管理者并不能对所有的考核工具都做到熟练掌握和应用，这样就造成了考核结果不准确。

9. 绩效管理各部门缺乏协调与合作

绩效管理并不是一个人或一个部门的事情，而是需要企业各部门、各成员之间相互配合，才能使绩效管理工作顺利、高效进行。但事实上，很多企业缺乏沟通和交流、缺乏协调与合作、缺乏各环节衔接，在这样的情况下，企业全员难以了解公司的整体性发展目标，企业整体工作量完成度较差，必然会导致企业业绩无法提升。

案例：

某公司实施绩效管理以来，各部门为了完成本部门任务，各自关起门来搞工作。研发部只顾埋头创新，生产部按公司产量目标生产，销售部一味使用各种手段提高销量……每个部门彼此工作的内容相关性不高,部门与部门之间缺乏协调与合作,导致不少员工只注重自己所在部门需要完成的工作量,只重视自身绩效考核情况,对整个企业全员的工作量和考核情况漠不关心。事实上,这种关起门来各顾各的方式,非常不利于企业的发展。销售部走在与消费者最近的"前沿阵地",最了解市场需求,如果能与研发部多合作,必定能在产品创新上有所突破;反之,有创意的产品,则更有市场。不同部门之间的相互协作,必定能带来多方共赢的局面。

10. 企业领导者放手不管

绩效管理是管理者和员工之间共同制定目标、共同实现目标的管理过程。在绩效管理实施的过程中,人力资源部门被赋予了服务性职能,在整个绩效管理过程中需要起到组织、支持、服务和指导的作用,但并不是绩效管理的主体。绩效管理真正的主体是管理者和被管理者、考核者和被考核者。

作为企业领导者,帮助员工改进工作方法和工作效率是一个领导者该有的一种修养,更是一种不可推卸的责任。但很多企业的领导者却将所有工作交给管理者来做,而自己却放手不管。

四、对绩效结果的应用问题

对绩效结果的应用问题,也是企业绩效管理过程中常见的问题,不容忽视,主要有以下八方面。

1. 考核结果与员工薪酬挂钩比例不当

考核结果与员工的薪酬挂钩,是非常有必要的。但如果挂钩比例太大,员工会因为其中存在较大的风险而失去参与绩效考核的兴趣和积极性;如果挂钩比例太小,对员工又没有什么激励性,员工会认为考核成绩无论好坏都无所谓。

2. 绩效评估结果缺乏综合性应用

绩效考核结果的应用,实际上是为了推动员工的发展、企业的进步,达到员工和企业的双赢。但当前，很多企业的绩效评估结果缺乏综合性应用。比如将绩效评估结果主要用于奖惩和调薪。虽然这是绩效管理中的一部分，但缺少长远性。除此以外，还有更重要的意义和价值，即通过绩效管理激励员工更加努力工作，实现企业的战略目标。

3. 绩效考核未能真实评价员工价值

当前市场竞争激烈，企业向员工要价值，才能保证可持续发展。员工既要创造当前价值，还要创造长期价值。员工为企业创造的价值，既可以是经济效益，也可以是荣誉；既可以是具体业绩，也可以是一种精神。企业在制定绩效考核的时候，就应当明确企业价值标准是什么，进而在考核的过程中明确考核方向，以更好地通过考核结果来真实评价员工的价值。

4. 绩效评估后缺少绩效面谈环节

绩效管理并不是到了绩效评估环节就结束了，而是在获得评估结果后，与被考核者进行一次面对面的交谈，这是达成绩效评估目标的重要环节。做好绩效面谈工作，有助于员工很好地认同绩效评估结果。但当前，很多中小企业还没有理解到这一环节的重要性，其绩效管理工作停留在将绩效评估结果的公布上，认为这样就算完成了绩效管理工作。

5. KPI 只注重员工的考核而不注重员工的成长

KPI 作为绩效考核基础，对关键岗位和关键领域设定关键指标，以此保证绩效考核的科学性，主要是进行定量考核。这种考核方案在实施的过程中，忽略了员工的成长。员工是企业发展的基石。企业如果只重视对员工的考核，不重视员工的成长，不利于员工业务能力的提升。最终将造成人才流失，使企业发展受到阻碍，无法做大做强。

6. 不重视绩效改进

很多企业在关注绩效考核的时候，却将绩效改进抛诸脑后。这些企业，往往在绩效考核的过程中发现问题，却没有将问题重视起来，也没有做出任何改进计划、没有很好地将问题解决，使得上一次遗留下来的问题又在下一次的考核周期中出现。这样往复循环，使得员工的工作进展丝毫没有得到提升。

7. 不重视绩效辅导

很多企业希望通过推行绩效管理，获得更多的收益。但它们却不重视绩效辅导，甚至不知道做绩效管理还需要进行绩效辅导。在这样的企业绩效管理模式下，员工没有经过科学、合理的辅导，其工作能力永远也达不到很高的水平。

8. 考核结果无反馈

很多时候，企业在做完考核、获得考核结果后，不对考核结果进行反馈。主要表现为两种情况：

第一种是考核者进行暗箱操作，本身不愿意将考核结果反馈给被考核者。被考核者根本不知道自己哪些方面做得较好，哪些方面有待改进。这往往是考核者担心员工因为反馈内容而产生不满，在日后的工作中采取消极或者敌对态度；也有可能是考核结果是考核者凭自我好恶得出来的，考核者认为考核结果没有让人信服的事实依据，担心一旦做出反馈会引起巨大的争议。

第二种是绩效考核的考核者没有能力将考核结果反馈给被考核者，再加上缺乏一定的沟通能力，导致考核者没有进行绩效结果反馈的勇气和能力。

总之，绩效结果的应用存在的问题有很多，这也是导致绩效考核失败的一个重要原因。因此，做绩效考核，对绩效结果的正确、有效应用不容忽视。

第二章
难题解惑：绩效管理核心难题的解决之道

　　企业做绩效管理会遇到很多难题和困惑，这些往往成为绩效管理过程中的最大阻力。作为管理者，不但要能发现问题，还要能解决问题。如果能够找到这些难题的解决之道，则一切问题迎刃而解。

第一节　改善绩效，从改变思维开始

一个人，能否做成一件事情，首先取决于他的思维模式。任何创新和改变，都先是思维的改变。改善绩效管理，同样需要从改变思维开始。

一、战略驱动思维：战略做指导，企业业绩才能倍增

企业做任何事情都需要以实现企业经营为目标，做绩效管理也是如此。做绩效管理，任何环节，包括绩效规划、绩效评估、激励改善等，都要认真思考，这样做究竟对企业的战略目标有何作用，一定要保证做对的事情。

华为的任正非主张全员有效劳动和创造性工作。所以，当有人说"没有功劳也有苦劳"时，被任正非猛批了一通："今后不许再说这样的话。什么叫苦劳？苦劳即无效劳动，无效劳动就是浪费。"的确，如果暂时无法找到绩效管理驱动战略目标实现的逻辑关系，与其白费力气毫无收获，还不如什么都不做。

所以，要想提升企业业绩，需要管理者具备战略驱动思维，以战略做指导，来实现企业业绩倍增。具体操作过程中，需要人力资源管理部门及各层级的管理者，充分发挥以下四种能力。

1. 战略澄清和战略规划能力

每个企业都有战略规划和愿景，比如，"2020年我们的产值要递增20%，达到一个亿。"围绕这个战略愿景，就要明确研发部门要做好什么？生产部门要做好什么？销售部门要做好什么？后勤部门要做好什么？每个部门的管理者都要对这些问题了如指掌。

案例：

某销售部门要想与其他部门共同完成企业战略目标和愿景，就要充分做好目标分解：

第一，开辟更多的销售渠道。

第二，老客户的留存率达到80%以上。

第三，对销售激励进行细化。

第四，人员配置，大区经理4人，区域经理6人，销售人员20人。

第五，人员培训，对三年以上大客户销售经理进行客户获取能力提升的培训，对新进职员及三年以下销售人员进行知识产权、销售知识等方面的培训。

以上五点就是战略澄清。而且还必须知道，什么时候开辟新渠道，开辟多少个新渠道，完成时间和结果是什么，谁来负责工作的开展等，如果能做好这些规划，则说明该管理者具备较强的战略规划能力。

管理者掌握了战略规划和战略澄清能力，才能在之后的绩效管理工作中，保证战略目标的实现。

2. 过程管控能力

将目标分解并不意味着管理者就可以将工作搁置一边，着手去做其他事情，这样做是典型的不作为。管理者是要带领全员共同完成绩效考核，而不是只在最后做考核评价。另外，如果不亲力亲为，而是将工作交给手下去做，当发现错误再想办法补救，这样的管理者显然不具备过程管控能力。

不具备过程管控能力的管理者，无法做一个合格的管理者。这就要求管理者将目标任务分解到位后，还要着手进行过程管控，做好纠偏、激励等工作，将可能出现的问题消灭在萌芽状态，而不是有问题再去问责和补救。

3. 绩效考核和绩效分析能力

做绩效考核并不是仅仅做评分，分数只是一个表象的参考数据，更重要的是要通过分数发现目标和现实之间存在的差异。之后,还要明确,如何能够将优势沉淀下来,变成组织能力,在企业中发扬光大。如果没有达到目标,则需要思考如何改善,才能在下一次绩效考核中达成目标。之后还要做好绩效面谈工作,以便和被考核者达成共识,采取行动,解决问题。

4.绩效分配能力

一个企业,员工如果干多、干少、干好、干坏都采取一个绩效分配标准,那么势必会使干多和干好的人不愿意再继续干下去,而那些干少、干坏的人则会因此而更加不思进取。如果整个团队,甚至整个企业都是这种风气,那么企业必将逐渐走向衰亡。

企业管理者需要具备的以上四种能力是其最基础的能力。但很多管理者却不明白其中要义。只有企业管理者能够时刻以企业战略作指导开展绩效管理工作,再加上每个被考核者的协作与配合,企业的业绩才能实现倍增。

二、赋能于人思维:搞定人,绩效管理体系才能落地

参与绩效考核的人员,要想达成绩效目标,甚至超越绩效目标,首先就需要个人要有达成绩效目标的意愿和能力。如果有心无力或者有力无心,都会影响目标的达成率。

如果将绩效目标当作企业实施绩效管理工作的"果",那么被考核者的意愿和能力,则是绩效管理工作得以顺利实施的"因"。所以,管理者要有赋能于人的思维。简单来讲,管理者的首要任务就是想方设法调动被考核者的积极性,让他们具备胜任工作的能力。这个过程实际上就是管理者赋能于人的过程。

管理者如何做到赋能于人呢?

1.管理者角色转变

很多管理者认为,自己是绩效管理工作实施的领导者,这种思想固

然没错，但一个管理者不仅要做好一个"领导者"，更要成为绩效管理的"教练"，引导和教会绩效管理的参与者，如何才能获得理想的考核结果，如何才能提升工作能力，如何才能提升工作业绩。这些是一个管理者最核心的工作。所以，管理者要想赋能于人，就一定要从"领导者"向"教练"角色转变。

2. 掌握赋能于人的方法

在绩效管理体系中，管理者赋能于人，通常由三个步骤实现：

第一步：进行绩效分析，分析的内容包括员工工作动力、工作能力及导致差异化的原因。

第二步：与员工达成共识，拟订有效的行动计划。

第三步：做出改善行动。

对于管理者赋能于人，主要有四种方法：

（1）建立企业人才标准。

有了标准，才有方向。企业一定要建立自己的人才标准，只有这样，管理者才知道如何选拔人才，如何赋能，以达到用标准来要求员工、培养员工的目的。

案例：

以下是某公司制定的关键人才和高潜人才标准，如表2-1所示。

表2-1 关键人才和高潜人才标准

类型	对象	标准	执行标准	
关键人才	关键岗位人员（入职时间≥3个月）	关键岗位绩效优良	关键岗位：该岗位对公司的价值实现有着重要的作用，处于价值链核心位置或较核心位置；该岗位人才在公司内部具有较高的不可替代性；该岗位人才在市场上具有相当的稀缺性	绩效优良：根据近期绩效考核成绩和价值贡献进行打分

续表

类型	对象	标准	执行标准	
高潜人才	参与绩效考核的全员（入职时间≥3个月）	潜力突出 绩效优良	潜力突出：在进取心、学习能力上的潜能，根据潜力标准进行打分	绩效优良：根据近期绩效考核成绩和价值贡献进行打分

（2）进行人才测评。

要想更好地了解人才，提高用人的精准性，将合适的人才放到合适的岗位上去，最好的方法就是做人才测评。通过人才测评，可以了解员工绩效的问题所在，可以发掘他们的未来潜力，可以发现员工有哪些优势需要沉淀，有哪些缺点需要改善，以达到提升人才工作能力的目的。

通常，人才测评包括四个方面：

①基本条件测评。基本条件测评的内容包括学历、工作经验、年龄、工龄等。当然，基本条件测评根据企业性质而定，通常包括以上几点，但不限于此。

案例：

假如一家互联网企业，对年龄要求比较高，因此，一位年龄是40岁的员工，其测评分数则会比较低；如果是一位年龄为30岁的员工，则这个测评分数会相对高一些。简单来讲，就是这个测评分数随着年龄的增加而降低。但传统行业可能会与互联网企业的情况相反，随着年龄和工龄的增长，员工的测评分数会更高。

②岗位技能测评。岗位技能测评是针对企业中所有员工进行的技能测评。一个员工，掌握的岗位技能越高，其获得的岗位技能测评得分则会越高。

案例：

以下是某公司车床操作工人的岗位技能测评表，如表2-2所示。

表2-2 车床操作工人岗位技能评价表

姓名：＿＿＿ 部门：＿＿＿ 岗位：＿＿＿ 工号：＿＿＿ 日期：＿＿＿

项目	考核内容	评价情况	备注
设备能力	1.设备的主要组成部分掌握程度		
	2.设备的润滑、保养知识		
	3.安全操作规程了解情况		
	4.实际操作能力		
识图能力	1.图纸零件材料、加工部位的掌握情况		
	2.尺寸公差、形位公差、粗糙度等技术要求的理解能力		
量具使用及测量	1.岗位常用量具的了解、使用方法、维护保养		
	2.测量能力的掌握程度		
刀具使用	1.根据加工材料技术要求选用合适刀具		
	2.正确安装、调试、修磨常用刀具		
加工实物的考察	1.加工件符合图样尺寸要求的符合性		
	2.加工件粗糙度要求的符合性		
评价及建议（技能等级）			
考评人签名			
组长意见			

③业绩测评。业绩测评，即对每一位员工的历史工作业绩，用数据量化的方式来呈现。通过对数据的量化，可以发现员工在团队当中处于什么水平。通过业绩测评，对于员工该拿多少薪酬，该处于什么样的位置就十分清楚了。

④员工成长性测评。在进行企业管理的过程中，不但要关注员工当下的技能和业绩，同时还要关注员工的成长。通过员工成长性测评，管理者

可以发现员工是否有所成长，成长的幅度有多大。

案例：

一名机械工人，他用一年时间掌握了五种技能，而另外一名工人就用了三个月，掌握了同样的五种技能。显然，第二名工人的成长性要比第一名工人好很多。

（3）进行人才盘点。

当前，越来越多的企业会定期开展人才盘点，主要是对企业内人才优势、人才的职业发展路径等进行盘点。简单来讲，就是对企业人力资源状况进行全面摸底调查。

通常，人才盘点的方法是什么呢？可以通过以下五个步骤实现：

①分析企业现状。分析企业现状，即对企业业务流程和组织架构、未来发展战略和市场竞争力、当前人员状况等进行分析，通过分析企业现状，判断是否有进行人才盘点的必要性。

②开展人才盘点工作。根据企业当前的战略调整和组织架构梳理，结合历史绩效情况，对员工进行胜任能力考核和潜力评估。同时，还要结合人才库中的储备人才情况，动态掌握企业空缺岗位，明确是否有可填补人员。

③召开人才盘点会议。召开人才盘点会议，主要有两个作用：第一，为了统一内部的人才评定标准，只有使用同一套标准，才不至于在后期制定人才规划的时候出现不必要的冲突；第二，为了形成适用于企业的人力资源规划方案，这个方案是根据人才盘点结果和企业的发展战略制订的。

④拟订行动计划。根据盘点结果拟订行动计划。这份计划至少可以进行 6~12 个月的操作。而且计划必须细化到每个环节的执行人员、具体工作内容、时间节点及成果检验的标准和方法。

⑤跟踪实施效果。为了确保计划能够顺利落地，在实施的过程中，要

进行跟踪，明确执行情况和执行效果。这样便于及时调整方法，达到预期的盘点效果。

（4）做好人才发展规划。

制定企业发展规划，对于培养和赋能创新人才来说，有非常重要的意义。做好企业发展规划，要做到以下几点：

①企业需要有明确的中长期业务发展目标。

②制定企业人才配置计划，定义关键人才，做出关键岗位人才配置计划。

③按计划执行，同时还要定期做盘点。

④建立企业管理的相关机制，包括绩效、员工发展、激励、动态管理等制度。

以上建立或知晓人才标准、进行人才测评、进行人才盘点、做好人才发展规划，都是为了使企业管理者能够更好地赋能于人，帮助企业搞定人才，从而保证绩效管理体系成功落地。

三、深度沟通思维：勤沟通，才能发现问题、解决问题

在绩效管理中，管理者与员工之间离不开沟通，只有勤沟通，才能通过分享各类与绩效有关的信息，才能发现问题、解决问题。所以，在实施绩效管理的过程中，要具备深度沟通思维，千万不要忽视沟通的重要性。

综观整个绩效管理过程，沟通存在于每个环节：

1. 制订绩效计划环节

在制订绩效计划的时候，管理者与员工应当分析公司的经营计划、本部门的工作计划、员工的职责、上一年绩效反馈报告等。然后，针对本年度的工作计划展开讨论。这样，员工就知道自己该做什么、为什么做、需要做到何种程度、工作量如何等，在这些问题上达成共识，并对自己的工作目标做出承诺。在这个环节中，有了相互沟通，才使得管理者将企业战略和要求准确地传达给员工，使得员工明白自己究竟还有哪些地方需要在

本年度提高，以保证个人发展目标与企业组织目标的有效结合。

2. 绩效的实施和管理环节

在绩效的实施和管理环节，本质上是管理者和员工持续沟通、采集信息的过程。这是一种双向互动过程。在这个环节，管理者的主要职责就是让员工明确绩效考评制度的内容，制定目标的方法、衡量标准、努力与奖酬之间的关系、工作中存在的问题及解决方法等。在这个环节，管理者要时刻保持与员工的沟通，从而做好指导和监督工作。同时，根据计划实施情况，及时了解员工是否能达成目标，在员工遇到困难时，帮助员工排除障碍。

3. 绩效考评环节

绩效考评环节并不能简单地看作是对员工工作结果的评价，它应当是一个动态的过程。只有管理者和员工平时做好沟通工作，才能使考核结果不会出现太大的差距，能够有效减少员工与管理者之间的冲突。另外，在绩效考评环节，通过与员工之间的有效沟通，能够得到比较客观、准确的结论，使得员工工作获得改进方案，帮助其提高绩效。

4. 绩效反馈环节

绩效管理并不是进行到绩效考核这一步就结束了，管理者还需要与员工进行一次面对面的交谈，从而获得他们的反馈意见，了解他们对评价结果的想法和建议。从管理者角度来看，在绩效反馈环节与员工沟通，可以对员工的特点了如指掌。对于绩效下滑的，对症下药，给出有效的绩效改进方案。从员工角度来看，员工本身就是查找企业问题存在的重要渠道。通过与员工沟通，可以发现企业业绩低下的原因。所以，在绩效反馈环节中，管理者与员工之间进行沟通，能够实现员工与企业的双赢。

沟通在绩效管理的整个过程中发挥着重要的作用，在绩效管理的信息传递过程中占据核心地位。但在进行沟通的过程中，管理人员要注意四个原则：

（1）平等原则。

虽然管理者与员工之间是管理与被管理的关系，但双方只是分工不同，并不是上下级关系。所以，在沟通的时候，双方要保持一种平等对话的心态，才能保证高效、顺利沟通。

（2）互动原则。

一个巴掌拍不响，沟通本来就是一种"你来我往"的事情，单向沟通是无效的。管理者只有调动起员工的热情，才能让员工主动提出意见和建议。

（3）客观原则。

在与员工沟通时，一定要实事求是，保持客观原则。否则，夸大其词会让员工不满，进而与管理者产生冲突和矛盾。

（4）修正原则。

当绩效考核出现偏差时，对考核结果进行修正，并不意味着考核不严肃，相反这代表了考核结果的严肃性。因为如果考核不公正，势必会影响员工的向心力和凝聚力。

总之，坦诚开放的绩效沟通，有利于促进管理者与员工之间建立良好的协作关系，营造良好的沟通氛围，进而促进绩效考核的高效执行。

四、强效激励思维：用激励激发潜能

在绩效管理中，最为核心、最有价值的是对员工进行激励。只有激励做到位，员工才会拿出100%的工作干劲，甚至超额完成工作。这样，企业的绩效也才能真正落地。

案例：

以挑担子为例。如果能挑100斤的担子，而你的员工只愿意挑60斤，那么这种状态是一个企业的老板所愿意看到的吗？但如果用对了激励模式，让员工逐渐加码，相信员工很快就能发挥出自身潜力，甚至能挑起

120斤。这就是激励的作用。

所以，一个真正懂绩效管理的老板，必定具备强效激励思维，必定懂得建立激励机制。只有激发起员工的工作积极性，企业目标才能快速达成，企业也才能有条件把超额的部分拿出来分享给员工，最终实现双赢的局面。

那么，什么样的方案才能算作一个好的激励方案呢？

1. 以员工为中心

进行绩效考核，永远都是企业老板想要做的事情，除此之外，没有谁会喜欢被别人考核。但如果用激励的方式、以员工为中心来制订考核方案，那么员工也是乐于接受的。企业可以通过及时激励、弹性激励、周期激励的方法来实现企业目标，让激励模式与企业目标融合在一起。

2. 与员工薪酬挂钩

员工最关心的就是涨工资或降工资，所以，绩效激励一定要与员工的薪酬挂钩。有效的绩效激励，不仅是工资激励，还应当包括员工个人能力的提升、职位晋升的机会、精神奖励等。

总之，当员工和企业的利益一致时，思维和行动也就自动实现统一。制度执行的好不好，关键在于制度建立的好不好。企业效益越好，员工收入就越高。在这个基础上，员工在工作的时候才能自动自发。

第二节 企业绩效问题改善对策

在这个优胜劣汰及特点极为凸显的时代，绩效考核成为拯救企业的一剂良药。然而，由于执行不当，使得企业面临众多绩效问题，唯有想方设法对其进行改善，才能化解绩效管理过程中出现的各种难题。

一、绩效管理的认知问题对策

当前,大部分企业在实施绩效管理的时候,都会或多或少地发现一些问题。但最基本的问题就是对绩效管理的认知存在一定的误区。如果在绩效管理的认知上出现问题,那么对企业和员工来讲,都是极大的损失。关于绩效管理的认知问题对策主要有以下六方面。

1. 确保绩效管理与企业战略一致

企业做出的任何决策都是为企业的总体战略目标服务的。绩效管理作为企业人力资源管理的核心内容,也应如此。企业中所有员工都应该明白这个道理,认识到绩效管理与战略管理保持一致的重要性。

管理者在制订绩效管理计划时,应以企业战略目标为出发点,将战略目标逐层分解到具体的工作岗位中。站在企业的发展角度来考虑问题,将企业的绩效管理目标和战略目标相结合。而且在这个过程中,严禁只顾眼前利益,不顾长远利益的做法。

2. 提高绩效管理的认知

作为管理者,在企业实施绩效管理时,既要向员工宣讲绩效管理理念,又要通过科学的管理方式,帮助员工树立绩效管理的正确认知,使企业绩效管理能够高效实施,达到预期效果,如表2-3所示。

表2-3 绩效管理正确与错误的理解

分类	误解	正解
对工作成果	是一种判断	是一种计划
绩效管理重心	绩效评价的结果	绩效管理的过程
绩效管理目的	寻找错误	解决问题
公司与被考核人得失	此得彼失	全胜全输
关注重点	结果	行为和结果
绩效工作属性	人力资源的工作	全公司各部门的管理程序
对被考核人	是一种威胁	是一种成果或推动

同时,还应当从自身到员工,正确认识绩效管理与绩效考核之间存在

的差异，如表2-4所示。

表2-4 失败的绩效考核与成功的绩效管理对比

分类	失败的绩效考核	成功的绩效管理
定位	控制员工	员工主动承诺
着眼点	重点放在过去的业绩	重点放在如何改进今后的绩效
提高绩效的手段	主要通过激励、奖惩政策	主要通过指导、鼓励自我学习和发展
管理人员角色	判断、评估、控制工作细节、解决问题者	引导方向和目标，指导、帮助、沟通和反馈，在允许范围内授权
员工的角色	被动的、反作用的防卫性的行为	在学习和发展过程中表现出积极主动的行为

3. 加强企业绩效管理实施的基础

企业绩效管理的高效实施，取决于企业的管理基础。企业的管理基础是否牢靠，需要做好以下两方面工作。

（1）提高企业管理能力。

特别是企业管理者，应该加强自身对绩效管理的认知。当前，很多企业管理者文化程度普遍不是很高，这也是他们对企业绩效管理认知不够的一个重要原因。因此，企业管理者应当不断提高自己，认识到绩效管理的重要性，加大对管理的重视程度。

（2）提高企业员工对绩效管理的认知。

员工如果没有正确的认知，不配合工作，那么绩效管理在推行的过程中就会出现阻碍。因此，要加强员工对绩效管理的认知和责任意识，减少偏见，使员工在积极的工作环境中发挥自己的价值，为企业发展贡献出自己的力量。

4. 树立以企业战略为导向的绩效管理思想

企业战略是一个企业的发展规划或发展方案，对企业未来的发展方向有很好的指导意义，是企业经营管理发展思想的重要呈现，为企业未来的发展提供依据。因此，企业在开展绩效管理工作时，应充分结合企业战略，立足企业发展，进行有针对性、有计划性的工作。

5. 明确企业文化构建的重要性

每一个企业都离不开企业文化。铁打的营盘，流水的兵。员工新老更替，必将使企业产能发生变化，但唯一不变的就是企业文化。企业文化能够使企业与员工拥有共同的价值观，使企业形成一个团结的整体。良好的企业文化与企业绩效管理相辅相成，能够为员工营造出积极进取的工作氛围。

6. 健全的规章制度不可忽视

企业管理的过程中，既要让员工出成绩，又要让员工的成长和发展有提升效果。这就需要绩效考核与员工管理相融合，通过鼓励和鞭策来实现。对当前表现较差的员工，给予及时批评，对于表现优异的员工，则给予相应奖励，包括资金奖励、晋升奖励等。所以，企业非常有必要建立健全的规章制度，这是企业一切奖惩得以实施的保障，也是员工和企业利益不受损失的重要保障。

认知决定行为，认知深度决定企业的未来。改变对绩效管理的认知，企业全员都应当给予极大重视。

二、绩效制度认知的改善策略

制度的生命力在于执行。制度即规范和规则，本身带有根本性、全局性、稳定性和长期性。企业在实施绩效管理的过程中，如果不能对绩效制度有一个正确、全面、规范的认知，必定影响绩效管理工作的开展。

针对绩效制度认知问题，主要有以下十方面认知改善策略。

1. 完善绩效管理制度

对现有绩效管理制度，要充分分析其在实施过程中存在的问题，进而对其进行完善。要认真梳理现有规章制度，消除制度之间存在的矛盾和冲突，使各项制度形成一个体系，进而产生合力。这样，便于通过管理制度，在提高员工绩效的基础上，提高企业绩效；在企业绩效改善的基础上，保证员工的发展，推动员工绩效和能力的提升。

2. 明确设定合理的绩效标准

绩效标准，意味着在考核过程中，被考核者需要达到什么样的程度。有了这个标准，被考核者就能根据不同的标准，再加上科学的考核方法，实现既定的考核目标。

案例：

以下是某企业行政人员的绩效考核标准，如表2-5所示。

表2-5 行政文员绩效标准

工作职责	增值产出	绩效标准
录入打印各种文件	录入、打印好的文件	1.一个月内由于错误而被返回的文件次数不超过5次 2.一个月内没有在承诺的期限内完成的文件次数不超过5次 3.秘书的主管通过向其他客户的调查发现秘书的文件打印没有文字上和语法上的错误，能够在认同的期限内完成 优秀绩效的表现： 主动采用一些排版方式提高文件的信息交流质量。如采用一些字体与格式的变化等；能主动纠正原文中的语法、文字错误；能有效节省公司耗材
起草通知、便笺或日常信件	通知、便笺或信件草稿	主管认为对草稿做细微的修改就可以发送 优秀绩效的表现： 起草文件时仅需极少的指导，一些日常的信件无须主管干预就可以正确处理
为出差人员安排旅程	旅程安排情况	主管调查出差者情况： 安排符合出差者要求；按时准确预定旅店、费用报表按时准确完成 优秀绩效的表现： 帮助出差者选择最合理的旅程安排，使出差者节省时间，尽可能在旅途中舒适
安排会议	会议安排情况	1.在会议开始前准备好所需设备和材料 2.会议进行顺利，与会者不至于中途离开去解决由于事先准备不充分而造成的问题 优秀绩效的表现： 会议材料和安排无须主管的监控

通常，设定合理绩效标准的目的，主要有三个方面：
①引导员工的行为达成既定工作标准。
②建立公平的竞争机制。
③奠定公平考核的基础。

合理的考核方法和工具，是决定绩效考核成败的关键。不同工作岗位需要匹配不同的绩效考核方法。在实际操作中，大多数企业将几种绩效考核方法结合起来使用。

3. 合理应用绩效考评结果

通过绩效评价，企业各部门中的每位员工都能知道自己的工作情况。有做得不好的地方要加以改进，提升绩效水平。同时，绩效考评结果还能作为部门人员评选先进、职务晋升和绩效工资调整的依据。更是对各部门员工进行继续教育培训、岗位调整和开发潜能的重要依据。

4. 建立相应的激励机制

员工出来工作就是为了养家糊口，就是为了换来等价薪酬。所以，在实行绩效管理时，需要建立相应的激励机制，尤其是做好物质方面的奖励。同时，企业一定要兑现激励机制规定的相关承诺，以此提升自身公信力。此外，在激励机制制定时，还要注重从实际出发，虽然不能做到等价奖励，但要使奖励价值与员工的付出相匹配。这样员工才会积极参与到绩效考核当中，尽自己最大的努力完成绩效考核目标。

案例：

某公司招聘了一批新员工，其中有一位新员工在试用期阶段，干得很出色，同时也能用自己的长处为公司创造价值。该新员工的部门主任和人力资源部以及董事长商议，在他最初期望薪资的基础上，每月再多支付他300~500元。表面上看，公司支付员工的成本增加，但实则不然。原因很简单，假如员工期望的薪资是5000元/月，但大部分公司会进行议价，只会支付给新员工4500元/月左右。这样，员工一直是一种被动的工作状态。当员工不能为企业创造价值时，就会将员工进行淘汰。

倘若支付5500元/月，这位员工会更加积极主动地努力工作。当成为企业正式员工时，他做得非常好，还给他加薪，他就会与企业共同进步。这家公司几年来，一直都是这样做的。不但降低了人才的流失，还提高了人力资源的稳定性，为企业带来了更高的业绩。

5.优化绩效管理体系，降低管理风险

企业实施绩效管理，需要科学、健全的绩效管理体系及制度，实现全员参与绩效管理的局面。但在实际操作过程中，经常会出现绩效管理体系与企业发展不相匹配的情况。其实，这是因为企业是动态发展的。要想让绩效管理体系与企业发展相匹配，就需要调整绩效管理体系，使绩效管理体系不断完善，有效降低企业的运营及管理风险。

6.创新绩效管理模式，灵活转换方法

一成不变的绩效管理模式，必定与动态发展的企业出现不适用的情况。只有制定科学有效的绩效管理模式，才能推动企业市场规模的不断扩大。与此同时，还需要通过目标管理法、平衡计分卡、敏感绩效管理、述职报告等现代管理方法及工具等，提高企业的生产效率。

7.增强绩效考核的客观性

有的绩效考核问题，是由于绩效考核指标设置不合理、缺乏客观性而导致的。所以，一定不要忽视绩效考核的客观性。

①在解决绩效考核问题时，应当科学地制定各项指标，并在设置指标的工作中减少主观性强且语义含糊的内容，减少难以定量的考核指标占比。

②在设置绩效指标权重时，要确定各项指标在整个绩效管理体系中的重要性，进而设置出科学合理的指标权重。

③正确使用工作日志，建立标准的考核信息台账。在台账上记录员工的关键行为，为后续的考核活动提供依据，进而保证考核结果的准确性。

案例：

某企业由于考核周期长，出现了对员工绩效误评的情况。该企业便通过建立绩效台账信息的方式，达到了以下目标：

第一，用翔实的数据信息来说明问题，有效避免员工业绩的误评。

第二，降低员工对绩效考核的不信任感。

第三，客观的绩效考核结果为绩效沟通工作提供了客观依据，使绩效沟通更具说服力。

8. 明确定位企业绩效管理与考核目标

企业应当对自身的发展做好明确定位，在定位的过程中，结合市场的需求，并根据市场发展的情况进行确切分析。企业的绩效管理应当与考核目标之间有一定的联系，对于企业内部来讲，在考核目标的指导下，员工会依照考核目标安排自身工作内容。

9. 加强岗位工作分析

每个企业的员工，不可能都是相同的工作岗位。对于不同的岗位，在执行绩效考核的过程中就会有不同的分析结果。为了保证绩效考核更加客观、科学，需要根据不同的岗位类型设置不同的考核要素。所以，只有做好岗位工作分析，才能合理、客观地区分不同的岗位。岗位工作分析，既是绩效考核的前提，也是实施绩效管理的重要组成部分。

10. 制定合理的监督体系

企业在实施绩效管理时，在做好管理工作的同时，还要重视监督工作的协同。虽然绩效监督体系与绩效考核制度的职能各不相同，但两者之间存在紧密联系。需要加强各部门之间的信息交流，做好沟通工作。如果发现员工出现违规行为，就要按规章制度给予处罚。对于情节严重的人员，还应当采取公开批评的措施，警告其他人员切勿以身试法。对于管理人员，也应当做到言行一致，为基层员工树立榜样，提高员工对管理层和企业的信任。

三、绩效管理高效执行策略

任何制度的制定，都需要高效执行才能成功落地。绩效管理的实施，没有在员工中得到执行，则所有工作都是徒劳的。管理人员应当掌握一定的执行策略，才能保证绩效管理的顺利实施。关于绩效管理的高效执行策略主要有以下五方面。

1. 提供反馈和支持

管理者要想提升员工的工作绩效，首先要让自身养成及时反馈的工作习惯。当员工需要帮助时，必须擅长提供清晰的指导，使员工在工作能力上有所提升。

2. 业绩与态度的统一

绩效考核，并不是对员工在一段时间内进行考核，而是一个需要长期进行的过程。同时，做绩效考核，并不是仅仅需要对员工的绩效进行考核，还应当对员工平时表现出来的工作态度和个人素养进行相应的评价。

3. 管理者与员工的统一

在执行绩效管理的过程中，要做到管理者和员工的统一性。换句话说，就是要处理好管理者与员工之间的利益关系。建立利益同盟，可以让员工更好地以做好本职工作为己任，将企业战略目标当作自己的人生目标去完成，这样可以有效提高企业绩效，促进企业的发展。

4. 过程与结果的统一

绩效考核最大的特点在于管理者以考核结果来评价员工工作能力。但不要忽视过程与结果的统一。不仅要强调绩效考核结果，更要注重绩效管理过程中的沟通与反馈。

案例：

YM集团是20世纪50年代成立的无烟煤生产基地。YM集团从一家名不见经传的小公司发展到如今的规模,主要归功于其绩效管理的高效执行和有效落地。

在实施绩效管理的过程中,YM集团的相关管理者并不是充当一名裁判员的角色,而是扮演教练。在控制事态发展的同时,他们能够预见结果,并根据实际情况设计激励措施、调整计划或策略,辅导员工如何进行自我提升。YM集团的管理者认为,只有在考核过程中,做好沟通、反馈工作,才能在考核结果中达到高绩效。

5. 秉承以人为本的原则

推动企业不断向前发展的主角是"人",所以一个企业竞争的本质上是人才的竞争。因此,企业在落实绩效管理时,必须秉承以人为本的原则,坚持以人为本开展各项工作,如做好开发员工潜能、合理进行人员配置等工作,这样才能有效调动员工的工作热情和主观能动性,激发员工潜力,为企业创造出更多业绩。

四、绩效管理各人员能力提升策略

绩效管理工作的实施无小事。必须企业上下转变观念,明晰角色,实现全员能力的提升,才能真正达到绩效管理的目的。

如何提升绩效管理人员的能力,主要有以下四种策略。

1. 提高管理者的管理理念

绩效管理的推行,实际上也是对管理者综合能力和素养理念的考核。很多管理者在推行绩效管理的过程中,表现出一些错误的理念,严重影响了绩效管理的有效执行。具体而言,管理者应当形成正确的管理理念和行为。

①克服老好人心理。不要认为实施绩效管理就是在得罪人,不要因为害怕得罪人而徇私舞弊。

②要认识到以往大家所习惯的考核中存在的不足,在企业内积极开展绩效管理宣传工作,使各部门管理者在思想认知上形成合力。

③将绩效管理的相关内容，包括流程、制度、表格、标准等形成文书，要做到简明扼要、易于推广，而后将其公开发布。

2. 提高企业决策者自身管理水平

从某种程度上来说，一个企业的发展程度，受企业管理者管理水平的影响。作为企业决策者，需要不断提升自我管理水平，才能帮助企业快速发展。在落实绩效管理的过程中，管理者要学会加强与员工的沟通和交流，更好地了解员工的真实想法，帮助他们解决一系列日常工作问题。只有这样的方式才能更好地凝聚员工，才能便于管理者更好地实施管理举措，进而推动企业的快速发展。

3. 提升员工绩效管理的认知和认可

绩效管理要想落到实处，除了需要管理人员具备较高的管理水平以外，还需要参与的员工能够对绩效管理有明确的认知和认可。因为，只有绩效管理得到认可之后，在结果反馈环节，相关的矛盾和申诉情况才会减少，绩效考核结果才会得到有效使用。

在提升员工认知方面，要掌握一定的技巧和方法：

①对于不同岗位的员工，采取不同的提升措施。对于老员工，应当了解其思想状态，做好思想教育工作，使其能尽快转变思维模式，适应绩效管理；对于新员工，要做好宣传教育工作，让新员工能够全面理解企业的绩效管理规定和内容，还要为员工提供质疑机会，使员工真正认识到绩效考核的公平、公正性。

②加强宣传力度。在企业内部加大宣传力度，让全员明白参与绩效考核能获得的利益和保障。这是保证员工能够积极参与绩效考核的有效方式。

案例：

某汽车制造企业，从成立至今，已经有100多年的历史。企业内部绝大多数都是一些技术骨干，为了提升企业的技术能力，每年也会引进新型人才。

但自执行绩效管理以来，企业技术部门所有的员工都对此表示极为不满。一方面，老员工认为实施绩效管理，如果做不好就会降低工资，而当前的工资是他们经过十几年的劳动付出换来的工龄工资，如果那些新来的员工也享受和他们一样的工资，他们内心十分不甘。所以对绩效管理持反对态度。另一方面，对于新员工来讲，他们初来乍到，并不知道企业要实施的绩效考核对自己来说究竟是利还是弊。所以，该企业在实行绩效管理的过程中阻碍重重，难以推行。

后来，该企业找了专业咨询公司帮忙，对全员进行思想教育，并做了很多宣传工作，做了相应的承诺，最后才得到员工的认可，企业绩效管理才得以顺利推行。

4.加强员工培训和人才开发

员工是企业发展的根基。实施绩效管理，不但要重视对员工的考核，还应当注重员工的成长。加强员工培训和人才开发，是推进员工成长的有效方式。

①建立员工培训制度，包括培训内容、培训方式、培训周期、培训考核、培训成绩等。

②将培训常态化。员工的成长是阶段性的，并不是一次性就能通过培训而成长为企业精英。随机性、间断性的培训，是无法达到很好的提升效果的。

③创新评价方式。可以将培训成绩纳入绩效考核当中，并作为后期升职、加薪的关键指标。

五、绩效结果应用效果提升策略

如果想要让绩效结果应用能够发挥其应有的作用，就应当对绩效结果应用采取敢用、有用的态度，有效提升绩效结果的权威性和公正性，从而达到绩效管理工作落地的目的。但绩效结果应用效果能否提升，还需要以下四方面策略来帮助。

1. 强化绩效反馈，高效应用绩效考核结果

开展绩效管理要有头有尾，避免出现反馈无效的情况。反馈信息往往体现的是员工的真实想法，可以成为管理者制订绩效管理计划的参考信息。所以企业要强化绩效反馈，并将其应用在企业发展中。在绩效反馈环节，允许员工提出质疑，管理者要给员工进行认真的答疑解惑。

2. 将绩效考核与奖惩激励关联在一起

为了提升绩效考核活动的有效性，引导员工积极参与，企业应当将绩效考核与奖惩激励关联在一起，这也是绩效考核能融入企业管理，员工能接受绩效考核的有效方法。

3. 重视企业的绩效考核结果

绩效考核本身能够反映出企业在某一个时间段内的运营情况。通过绩效考核数据，可以很好地发现企业存在的问题。同时，绩效考核结果还可以反映出员工能力及业绩的提升情况。另外，绩效考核结果不仅影响员工薪酬的奖惩，还影响员工岗位的调整、进修学习的机会等。所以，企业一定要对绩效考核结果给予重视。

4. 建立公平的评估体系

为了保证评估的公平性，可以将评估的审核工作交给高层管理者完成。

①如果发现问题，则请人力资源部门给予合理的说明和解释，或者重新提交一份评估内容。

②如果员工对评估结果不满，可以进行申诉。上级部门为其提供公平的机会。有效避免评估的不科学，避免管理者滥用职权，有失公允。

③管理者和员工都可以成为绩效评估的评定者。上级领导对管理者评估进行监督与指导；同事是对管理者评分的一种补充；员工可以自主反映自己的优缺点，这样员工更易于接受工作建议。

总之，对于绩效评估而言，没有标准的评估体系，只有最合适的评估方法。只有科学合理的绩效评估体系，才能更好地激励员工，实现企业整体管理水平的提高。

第三章

绩效计划制订：绩效管理要有计划推行

　　收获好的结果，必然源自好的计划。一座辉煌的大厦，其最开始的模样，是被设计师画在纸上的蓝图。大楼要盖几层，每层的格局安排，都会在设计师的蓝图中得到体现。这样，后续工作人员才能清楚地知道该如何实施。同样地，做绩效管理，如果没有好的绩效计划，那么必将在实施过程中遇到很多问题和阻碍。制订绩效计划，就是给企业各级人员以明确的目标，让每个员工在行动的时候有据可依。可以说，成功的绩效管理是从好的绩效计划开始的。

第一节　绩效计划的作用与原则

绩效计划，就是由管理者和参与考核的员工共同制定，通过将有效的沟通结果落实到书面的协议，形成绩效计划和评估表。绩效计划的设计从公司最高层开始，然后将绩效目标层层分解到公司各部门，最终落实到个人。

简单来说，绩效计划，就是一个确定组织对员工的绩效期望，并得到员工认可的过程。只有按照计划推行，绩效管理才能真正体现出其应有的价值。

案例：

小王是一家公司的老员工，在这家公司工作将近十年。十年里，小王从一个基层销售员逐渐成长为销售经理，为公司做出了很大的贡献。但近期，小王萌生了离职的念头。

原来，这家公司在年初制订的年度销售计划，与上一年相比，销售目标提高了将近100%。小王作为销售经理，认为这个目标并不合理。近几年，市场竞争越来越激烈，公司的产品也没有做出太大的创新，在市场中缺乏竞争力。如果把销售目标提高近100%，显然不合理。他向上级领导多次反映，但上级领导认为这一计划是根据公司销售人员的状况和公司业务增长情况制定的，认为可行。不但如此，公司还改变了考核方法，将原来的季度考核改为月度考核，还施行负激励，员工完不成目标，就进行罚款。尽管很多员工提出反对意见，但上级领导并没有改变考核办法。一个季度过去之后，销售部的业绩与公司制定的销售目标相差甚远。员工的工资也因此被克扣，严重打击了大家的积极性。员工对公司绩效目标的设定极为不满，而上级领导却认为是员工干劲儿不足，才导致无法完成销售目标。作为销售经理，小王为此苦恼不已。

以上案例中，这家公司不顾实际情况，只是为了提高销量，而盲目制定销售目标，导致销售人员无法完成任务，既影响了公司目标的实现，又使得员工怨声载道。显然，该公司忽视了绩效计划的作用和重要性。所以在制订绩效计划时，无视实际情况，只顾喊口号，这就为绩效管理的失败埋下了伏笔。

明确绩效计划的作用和原则，既有助于提升企业对绩效计划的重视程度，又可以提升企业制订绩效计划的明确性。

一、绩效计划的五大作用

对于绩效目标来讲，无论对于企业、部门，还是员工来说，都是对自身发展的一种美好愿望。而要实现这一美好愿望，就要为之付出实际行动。高效的行动，离不开精密计划的指导。

绩效计划是开展绩效管理工作的初始环节，成功的绩效管理，需要以好的绩效计划为基础。绩效计划的制订，始于公司的最高层，经过公司的各级部门，终于部门各成员。有了绩效计划，员工可以在具体的绩效周期内，根据企业、部门的目标来确认自己的工作目标，并制订一系列工作计划，有效完成工作任务。科学高效的绩效计划，具有以下五方面的作用。

1. 指向作用

绩效计划本身为开展绩效管理工作指明方向。所以绩效计划具有明确的目标性，它是保证企业绩效目标实现的基础，同时也为员工的努力指明了方向。

2. 归正作用

绩效计划能够将企业发展目标与员工的个人发展紧密结合在一起。

3. 前瞻作用

绩效计划具有很好的前瞻性，它能帮助员工采用最合适的工作方法和途径，合理规避工作误区，高效完成工作任务。

4. 沟通作用

绩效计划本身是通过上级管理者与下级员工之间进行沟通而形成的。在沟通的过程中，有利于构建友好、和谐的员工关系，创造融洽的工作氛围。

5. 导向作用

在制订绩效计划的过程中，管理者与员工沟通时，可以清楚地发现员工在工作中存在的问题，而这些问题则为员工后期进行绩效考核和培训提供了重要的参考依据。

二、绩效计划的制订原则

绩效计划是保证绩效管理有序实施的重要手段，能够保证企业战略目标得以高效实现。但绩效计划的制订，并不是随心所欲的，而是需要遵循一定的原则。

1. 目标导向原则

绩效计划必须和企业的战略目标保持一致。因为绩效计划本身是为了保证企业战略目标的实现，所以，必须坚持目标导向原则，将企业的整体目标层层分解，如图3-1所示。最后具体到每个部门和每个人，让部门和员工朝着企业战略目标方向努力。

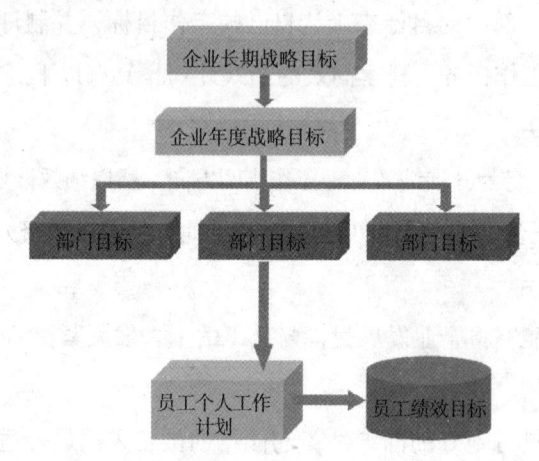

图3-1　企业战略目标与部门目标、个人目标的关系

2. 价值驱动作用

绩效管理的最终目的是提高企业全员绩效能力，帮助企业追求更高、更好的发展。但这一切都要最终落地到价值层面。所以，绩效计划在制订的时候，一定要以价值为驱动，以利益最大化为宗旨，以此实现企业价值与员工个人价值的共同增值。

3. 全员参与原则

在制订绩效计划的过程中，要让企业管理者、员工以及其他成员全部参与进来，才能实现充分的沟通。只有员工感受到自己做了工作的主人，才能提升对企业战略目标的认同感，从而更加努力工作，为企业创造更多的价值。

4. 流程系统化原则

绩效管理本身是一个系统化的管理过程。所以，在制订绩效计划时，一定要注重流程系统化。

5. 可行性原则

制订绩效计划，目的就是让绩效管理更加顺畅的实施。所以，绩效计划的可行性十分重要。绩效目标设定的不宜过高，也不宜过低。不切实际的绩效目标，会打击员工的积极性；毫无挑战性的绩效目标，难以激起员工的工作热情。最好的绩效目标，就是设定在让员工"努力跳一跳"就能达到的高度。

6. 重点突出原则

制订绩效计划，最忌讳的就是面面俱到。看似面面俱到，反而没有轻重之分，不利于后续工作的开展。因此，在制订绩效计划时，与企业战略目标联系较大的部分应当重点突出；联系较小的部分则应当适当降低比重。

7. 激励原则

实施绩效管理的目的，就是通过激励措施来提升员工的工作能动性、工作能力。所以，在制订绩效计划时，一定要注意赏罚分明，这样被考核者才会有制订绩效计划的动力。

8. 客观公正原则

绩效管理要做到透明、公平。对于工作性质和难度基本一致的员工，在设定绩效标准时，应当保持大体相同，以确保考核过程的公平公正。

9. 职位特色原则

企业内部门众多、岗位众多，在制订绩效计划时，要根据不同岗位的职责、工作重点，有针对性的地制订。

第二节　绩效计划准备

做绩效计划，就像是一场攻坚战一样。只有做好统筹谋划，才能攻下一座座堡垒，战斗才能取得胜利。但对于作战而言，不打无准备之仗，是每个战斗者应有的认知。

做绩效管理，同样需要事先做好周密的计划，才能攻克各种难点和痛点，圆满收官。在制订绩效计划之前，同样需要做好各项准备，才能保证计划切实可行。

绩效计划准备工作包括两部分，一是绩效计划的信息准备，二是绩效计划的沟通准备。

一、绩效计划信息准备

做绩效计划之前，必定要有据可依，这样，制订出来的计划才更加具有科学性、合理性、客观性。绩效计划的制订，必须有相应的信息做基础。因此，绩效计划的制订首先需要做好信息准备。

绩效计划准备阶段，主要目的是交流信息、动员员工，以达到各层次绩效计划为实现企业战略目标而服务。绩效计划的信息准备，包括以下三个方面。

1. 企业信息准备

绩效计划的有序进行,需要员工和各部门共同执行。但执行的前提是,员工和各部门对企业的发展战略和经营计划有清晰的了解,保证绩效计划实施之前,双方都能对企业目标熟悉。

企业战略目标,即企业在发展过程中追求的长期结果,它反映的是企业在一定时期内,整体经营活动的方向和要达到的水平。

企业经营计划,即一段时间内企业生产经营活动的综合规划。

明确这两个方面之后,在管理人员和员工共同沟通的基础上,制订绩效计划,以确保双方对绩效计划的内容没有任何歧义。

2. 部门信息准备

部门的发展规划是从企业的经营计划中分解而来的。无论哪个部门的发展,都应当与企业的经营计划相结合。

案例:

进入2020年以来,5G技术的普及,人工智能的快速发展,为手机行业带来了全新的发展机遇。面对这种大好发展形势,某手机生产商结合当前市场需求,制定了2020年度经营规划。如表3-1所示。

表3-1 某手机生产商制定的年度经营规划

序号	年度经营规划
1	实现销售收入15亿元,利润达到10亿元
2	新建产品研发部门,用于开发5G+AI高端手机新品
3	调整产品结构,提高高端手机产量

为了实现年度经营目标,该手机生产商的人力资源部,为自己的部门制定了2020年度工作目标。如表3-2所示。

表3-2 某手机生产商人力资源部制定的年度工作目标

序号	年度工作目标
1	调整激励机制,薪酬向高端手机、技术人员倾斜
2	完善薪酬制度,并在获得董事会批准的前提下实施
3	与各部门负责人沟通储备、培养新部门负责人、骨干

3. 员工信息准备

制订绩效计划，还需要做好员工个人信息的准备。员工个人信息，包含两方面：一是员工工作岗位职责描述信息，二是员工上一个考核周期的考核结果。

其中，员工岗位职责，主要是指员工岗位的主要工作内容与责任。根据员工的工作职责，为员工设定工作目标，可以起到个人工作目标和岗位职责紧密联系的作用。员工在不同考核周期内，考核结果前后是有一定关联的。因此在制订绩效计划时，一定要参考上一个考核周期员工的考核结果，以便让员工更好地明确自己需要改进的方向。

二、绩效计划沟通准备

企业在实施绩效管理的过程中，需要制订什么样的绩效计划，是需要管理人员和员工共同沟通决定的，而不是管理者一意孤行，自作主张，如图3-2所示。如果希望借助绩效计划来做一次动员，可以召开员工大会。这样，不但有助于绩效计划的高效、合理制订，还能在沟通过程中提升员工的主人翁意识，使其积极参与绩效计划的制订，更重要的是，能够让员工发现自身问题，在本次考核中改进和完善自我。可谓"一箭三雕"。

部门职责、使命和任务 → 绩效计划讨论 → 员工绩效计划书

图3-2 员工绩效计划书形成过程

在沟通的过程中，技巧必不可少：

1. 确定专用时间

管理人员应当和员工确定一个时间，专门用于绩效计划的沟通。在这个时间段，要保证沟通工作不被其他事项所打扰和中断。

2. 营造轻松氛围

要保证有一个轻松的沟通氛围，让每个人都能够在毫无压力的情况下，专心制订绩效计划。

3. 回顾信息

在开展绩效计划会议时，参与会议的人首先应当回顾一下已经准备好的各种信息。在沟通之前，每位参会者都应当明白公司的要求、战略目标、经营计划、员工岗位职责描述、上一个考核周期的评估结果等。

4. 秉持平等心态

每一个参与绩效计划会议的人，都应秉持一种平等心态。这样，在平等关系中作出的双向沟通，才更公正、更客观。

5. 善于聆听

制订绩效计划，是一件需要大家共同合作才能完成的事情。管理者要明白，员工本人是最了解自己和自己工作的人，他们是其所在岗位的专家。因此，在制订绩效计划的时候，管理者要更多地聆听他们的意见和心声。

6. 询问意见

绩效计划讨论的过程中，要帮助员工理解绩效计划强调了"要干什么"和"怎么干"的联系。在进行下一步讨论前，先询问员工是否有其他要讨论的内容，以表示对员工意见的尊重。

7. 整理与确认

确认绩效计划内容之后，让员工重新整理一下双方讨论后的目标。这样做是为了再次确认员工是否已经清楚地理解了自己的工作目标。

8. 辅助与支持

如果在沟通中发现员工信心不足，管理者就要从事实出发，用过去的成功案例鼓励员工，增强员工信心。另外，工作目标的实现，需要一定的资源支持。管理者还需明确告知下属，会给予其资源支持，免除下属的后顾之忧。

第三节　绩效计划按时间、责任主体分类

任何计划，都有执行时间、执行内容和执行人。执行时间、执行内容和执行人不同，最后产生的绩效结果也不尽相同。

一、按时间分类

通常，一个企业的绩效计划实施都是按一定的周期计算的。根据不同的计划实施周期，将绩效计划划分为三种类型：年度绩效计划、季度绩效计划、月度绩效计划。

1. 年度绩效计划

年度绩效计划是整个企业全年的绩效计划。年度绩效计划应当涵盖面更加广泛，是企业长期战略目标的具体化。年度绩效计划经过拆解，可以为企业中长期战略和目标的实现做更好的规划。

制订年度绩效计划，应当本着以下两个原则：

（1）一致性原则。

制订企业年度绩效计划，应当与企业的发展战略相符。在此基础上，企业上下各部门都按照年度绩效计划执行，才会以一致的目标去贡献自己的一份力量。

（2）借鉴原则。

在制订本年度绩效计划时，还应当参考上一年度的绩效计划以及计划完成情况，以便在发现上一年不足的基础上，在本年度加以改进和完善。

案例：

某公司新年开工之际，公司对售楼部下达了销售目标，人力资源部便

开始为公司制订绩效计划，以便在本年度提升销售全体员工的工作能力和工作业绩，实现企业的战略目标。以下是某公司销售部年度绩效计划表。如表3-3所示。

表3-3 某公司销售部年度绩效计划表

绩效部门	销售部				
绩效时间	2020年1月1日~2020年12月31日				
绩效目标	关键绩效指标	所占权重	衡量标准	评估来源	完成期限
销售额	销售额同比上半年增长20%	40%	在12月31日前完成计划	财务部提供数据	2020年12月31日
开辟客户	开辟现有客户数量10%的新客户	25%	使用多渠道销售方法开辟新客户	销售部经理评估	2020年12月31日
控制销售费用	对为促进销售所支出的费用进行预算控制、调节。销售费用率=产品销售费用÷产品销售收入	10%	对比各种销售渠道，选择最经济、最有效的渠道把产品销售出去	财务部提供数据	2020年12月31日
完成公司对销售员的培训课程	参加培训课程，并通过考试完成培训	10%	考勤及考试分数	人力资源部培训结果的评估	按公司规定时间内完成
顾客满意度	及时处理好顾客的投诉，并不断提高服务水平	15%	顾客的满意程度就上半年有所提升	销售部经理评估	2020年12月31日

2. 季度绩效计划

季度绩效计划，顾名思义，是将一个季度作为一个绩效考核周期。季度绩效计划经过拆解，可以为企业的中期战略和目标做好规划。

季度绩效计划，与年度绩效计划相同，同样需要具备一致性原则和借鉴原则。

案例：

某建筑工程公司从地产开发商处接到新的业务，要求在一年内建好一栋楼。随后，人力资源部着手做了各部门季度计划表。以下是该公司工程项目设计部的季度绩效计划表。如表3-4所示。

表3-4 某建筑工程公司工程项目设计部的季度绩效计划表

项目经理				项目名称		×××建筑设计	
考核时间				2020年3月15日~2020年6月15日			
序号	优质率		权重	评分标准	评估来源	完成期限	管理组考评
1	图纸质量（40%）	规范性	6	1.不了解项目图纸规范，按照个人习惯绘画图纸，不符合规范要求（-6分） 2.基本能了解绘图规范，总体能按要求绘图，但遵从意识较弱（1分） 3.熟悉图纸规范，严格按照规范绘制（3分） 4.严格遵守图纸规范，对规范的执行和完善起到积极作用，受到好评（6分）	图纸规范	2020年6月15日	
2		完整性	9	1.图纸内容不完整，主次颠倒（-9分） 2.图纸内容不完整，但主要模块描述清晰（1分） 3.图纸内容完整，相关模块能绘制得清晰合理（5分） 4.图纸内容完整、清晰，在绘制中能不断改进，受到好评（9分）	图纸规范	2020年6月15日	
3		指导性	15	1.图纸缺乏指导性，对任务或者使用没有起到相应的帮助（-15分） 2.图纸基本可以指导施工人员使用，但部分环节描述不清楚（3分） 3.图纸具有指导价值，能指导完成相应的任务（9分） 4.图纸具有指导价值，能指导完成相关任务，并受到好评（15分）	上级领导审查	2020年6月15日	
4		及时性	10	1.在项目进行时或进行后没有修改、反馈和跟踪（-10分） 2.项目进行时无反馈、跟踪，后续有跟进（6分） 3.在项目进行时，有反馈和跟踪，按要求及时做了改进（10分）	任务计划	2020年6月15日	

续表

5	设计质量（60%）	规范性	25	1.不了解项目图纸规范，按照个人习惯绘画图纸，不符合规范要求（-25分） 2.基本能按绘图规范要求绘图，但遵从意识较弱（1分） 3.熟悉图纸规范，严格按照规范绘制（15分） 4.严格遵守图纸规范，对规范的执行和完善起到积极作用，受到好评（25分）	图纸规范	2020年6月15日
6		操作性	35	1.绘制逻辑混乱，结构复杂，难以操作（-35分） 2.设计基本可以读懂，结构较为清晰，但可操作性不强（20分） 3.设计逻辑清晰，可操作性强（35分）	下游部门	2020年6月15日
	合计		100			

3.月度绩效计划

月度绩效计划，是以一个月作为计划实施的时间段。与年度绩效计划、季度绩效计划相比，在周期上更短。可以说，月度绩效计划是企业短期战略和目标实现的更好规划。

当然，月度绩效计划虽然周期短，但在制订时，也要注意与企业的战略目标保持一致。

案例：

某公司开展绩效管理，要求人力资源部为各部门主管拟订一份月度绩效计划表。以下是该公司的财务主管月度绩效计划表。如表3-5所示。

表3-5 财务主管月度绩效计划表

部门	财务部		财务主管		
考核周期	2020年7月1日~7月31日		填表日期		
项目	关键绩效指标	权重	目标要求	评分标准	信息来源	自评得分	最后得分

续表

核算管理（50分）	资金核算	做好资金的平衡及运用计划，根据轻重缓急安排资金	20	未办理付款手续的采购供应类支出不得申请款项 水电费、工资、社保、税金、市场管理费需提前3个工作日申请	1.资金支出申请迟报一次（-5分） 2.水电费、工资、社保、税金、市场管理费使用紧急支出申请上报，每出现一次（-10分） 3.款项划拨不及时（-1分）	上级评价、典型事件记录
		各部门费用现金流表	10	准确率100%	每出现一次错误（-1分） 重大或不应有的错误（-10分）	
		往来账款余额对照表	10	及时率、数据准确率100%	每迟报一天（-2分） 每出现一次错误（-1分） 重大或不应有的错误（-10分）	
	成本核算	材料库存进出情况表	5	及时率100%	1.每迟报一天（-2分） 2.每出现一次错误（-1分）	上级评价、典型事件记录
		项目成本核算表	5	及时率、数据准确率100%	1.每迟报一天（-2分） 2.每出现一次错误（-1分） 3.重大或不应有的错误（-5分）	

续表

财务管理（50分）	财务管理	财务数据泄露	10	严守公司财务数据	出现泄露公司财务数据现象（-10分）	上级评价、典型事件记录
		审核费用报销手续，并负责每月各项预提和待摊销费用的核算	10	严格按公司相关规定审核报销业务手续，准确率100%	发现一笔报销不合规范要求（-2分）两笔以上该项不得分	
			5	及时率100%	每迟报一天（-1分）迟报两天（-5分）	
	销售核算管理	把握客户资信额度，控制客户欠款	5	及时率100%	每迟报一天（-1分），并承担由此产生的滞纳金	上级评价、典型事件记录
		准确核算每月应交滞纳金，及时处理	10	正确率95%以上	每发现一次（-5分）	
	月度工作重点	按时完成月度重点工作	5	及时率100%	1.每迟报一天（-1分）2.迟报两天（-5分）	上级评价、典型事件记录
		数据准确，资料真实完整	5	数据准确率100%，反映会计信息失真次数为0	出现一次错误（-0.5分）重大错误或不应有的错误（-2分）	
绩效结果确认						
评价结果：优秀 S级（ ） 良好 A级（ ） 一般 B级（ ） 需改进 C级（ ） 不合格 D级（ ）						
被考核者签名： 日期						

二、按责任主体分类

一个企业，要想完成企业战略和目标，需要全员的共同努力才能实

63

现。企业每个部门和每个岗位员工的支持和执行，是企业战略和目标实现的重要保障。所以，企业制订绩效计划，需要落实到企业绩效计划、部门绩效计划、员工绩效计划三个方面。

1. 企业绩效计划

企业绩效计划，目的是对整个企业内部的绩效管理进行规范，从而提升企业全员的绩效能力。企业绩效计划可以分解为部门绩效计划，而部门绩效计划可以进一步分解为员工绩效计划。科学合理的企业绩效计划，可以有效提升员工的工作积极性，更好地胜任工作。

企业绩效计划服务于企业战略目标和经营计划的实现。所以，制订企业绩效计划时，要注意以下三点：

①要结合企业的战略目标和经营计划。

②要让企业全员，包括管理者、基层员工等，更好地理解企业的战略目标和未来的发展方向。

③必须从公司的实际情况出发，运用不同的管理方法和思维模式，制订更加适合企业发展的个性化解决方案。

2. 部门绩效计划

部门绩效计划，并不是绩效计划实施的终点。部门绩效计划还可以分解为员工绩效计划。但部门绩效计划的制订，总体上应当以企业的战略目标和经营计划为出发点。

在制订部门绩效计划时，要注意以下三个方面：

①对企业的战略目标和经营计划做充分了解，围绕企业的战略目标和经营计划来制订。

②可以进一步分解为员工绩效计划，能把目标分解到人，落实到各职能部门和各级人员，这样对员工的工作才具有指导意义。

③明确部门绩效目标的完成期限。

3. 员工绩效计划

员工绩效计划，是员工参与绩效考核过程中，保证工作有序进行、高效完成的"指路明灯"。但很多人对于如何制订一项好的员工绩效计划有很大的疑问。具体来讲，制订员工绩效计划，需要考虑以下四个方面：

①员工的基本情况。员工是绩效计划的执行者，所以，在制订员工绩效计划时，一定要考虑员工的基本情况，如员工职位、工龄、工资结构、工作能力等相关信息，这样才能使制订出来的员工绩效计划更具可行性，才能确保员工的绩效计划与企业战略目标相一致。

②评估者的基本情况。员工的绩效评估工作，通常是由其部门主管或者员工的直接上级来完成的。

③员工工作职责。员工绩效计划的制订，是以员工的岗位和其职责为基础的，可以为调整绩效计划和绩效考核内容提供参考依据。

④绩效评估内容。绩效评估内容应当包括责任、能力、技能、态度、知识、考勤、团队合作等。

案例：

具体详情，以某公司财务部会计季度绩效计划表为例。如表3-6所示。

表3-6　财务部会计季度绩效计划表

部门		财务部		会计姓名		
考核周期		季度		考核时间		
项目		具体内容	权重	计算方式	信息来源	得分情况
任务绩效	销售核算	1.认真审核销售业务相关单据，负责销售、应收款和零利润明细账以及发出商品的有关记录 2.根据销售公司提供的单据冲抵货款 3.根据收款回单及时填报销售收入日报 4.根据销货发票等有关单据进行销售收入核算 5.负责应收款项的管理和及时清算 6.负责与客户的销售业务结算	15	造成重大失误（-15分） 不能完成销售核算（-10分） 勉强完成销售核算任务（5分） 及时完成销售核算任务，高效且优质（15分）	财务主管记录	

65

续表

任务绩效	其他工作	1.根据每月总收入与销售公司进行往来账的核对 2.对销售内勤开出的增值税发票进行审核并保管 3.确保销售发票不遗失 4.参与产品的清查盘点以及库存结构 5.每月末与成品库房合作进行盘存 6.会同有关部门制定产品管理与核算办法 7.编制销售报表并分析完成情况	10	造成重大失误（-10分） 不能胜任其他工作（-5分） 勉强胜任其他工作（3分） 高效完成其他工作（10分）	财务主管记录
周边绩效	工作责任心	1.尊重并维护组织的利益和形象 2.乐意接纳额外的任务和必要的加班 3.积极主动承担相应的工作任务和责任 4.保持良好的出勤记录，没有不合理缺席	10	工作中没有责任意识（-10分） 工作中责任心欠缺（-5分） 对工作尽职尽责（10分）	财务主管记录
	工作态度	1.主动服从上级的工作指示或任务安排 2.在无监督情况下保持稳定的工作质量 3.从大局出发，以组织利益为重	10	工作状态涣散（-10分） 工作态度积极、端正（10分）	财务主管记录
周边绩效	团队合作	1.愿意与其他人分享工作经验，共同成长 2.支持同事及协作部门的工作 3.参与和支持团队工作，推动团队目标达成 4.为后续工作或人员提供最大程度的便利	15	不喜欢与人合作（-10） 团队合作意识薄弱（-5分） 有强烈的团队意识，能够积极与他人沟通协作（15分）	财务主管记录
	周边合作	1.认真倾听，理解并发现相关部门的需求 2.根据组织规则，合理满足相关部门的合作要求 3.合作态度愉悦，友善	10	独自行事，拒绝合作（-10分） 喜欢与他人积极合作（10分）	财务主管记录

续表

知识能力	知识水平	1.具有充分的读写和计算方面的基础知识 2.善于学习新知识，提升自我认知和技能 3.积极参与相关学习和考试	15	会计方面知识基础薄弱，且不善于学习和提升（-10分） 知识储备雄厚，且勤于学习（15分）	财务主管记录
	工作能力	1.熟悉财经法律、法规，结合本职工作进行广泛宣传 2.依会计法律、法规办事，保证所提供的数据真实、准确、及时、完整 3.办理相关事宜能够实事求是，客观公正 4.熟悉本单位的业务管理情况，并能保守本单位的商业秘密	15	各方面能力较差（-10分） 各方面能力有所欠缺，但勤于学习和自我提升（5分） 能力较强（15分）	财务主管记录
绩效结果确认					
评价结果：优秀 S级（ ）　　良好 A级（ ）　　一般 B级（ ） 　　　　　需改进 C级（ ）　　　　　　　不合格 D级（ ）					
被考核者签名： 日期					

⑤绩效计划时间。一项绩效计划制订之后，在执行的过程中是需要一定的周期做保障的。否则，绩效计划只能在无休止的拖延中缓慢开展，失去了绩效的意义。通常，在时间上，可以分为年度绩效计划、季度绩效计划、月度绩效计划三种。

⑥员工能力提升计划。做绩效计划的目的，除了提升企业业绩和利润之外，最关键的就是提升员工的工作能力。通过绩效计划的制订和完成，员工可以明确自己在执行绩效计划的过程中需具备什么样的素养，以及个人能力的提升，如何与企业的发展协调一致。

第四节　绩效计划制订流程

制订绩效计划既是实施绩效管理的起点，也是实施绩效管理的基础。制订科学的绩效计划，为后续工作的有序开展指明了方向。

具体来讲，制订绩效计划的流程，主要分为六个部分。

一、梳理职位职责

每位员工都有自己的岗位，并在岗位上肩负着不同的职责。通过梳理和分析员工岗位职责，可以收集岗位信息，以便对每一个岗位的整体概况做出正确、详尽的描述。这些表述对设定关键绩效指标、制订员工绩效计划有很大的帮助。

对于一名员工的工作分析而言，其范围很大，主要包括6W+1H，具体是：做什么（What）、为什么做（Why）、谁来做（Who）、什么时候做（When）、在哪里做（Where）、为谁做（of Whom）、如何做（How）。而岗位职责描述的是做什么（What）的问题。其他方面不需涉及。

那么如何来梳理岗位职责呢？

1. 汇总法

汇总法也可以称为上行法。具体操作方法是，先通过员工总结本人职责内容，然后由上级进行审定，最后由企业各部门负责人对职责内容进行集体讨论、汇总，并最终形成岗位职责描述。

优点：

①能够收集到员工的一手资料，有效提高员工的参与度。

②能增加员工对企业制度的理解和遵守。

③方法实用，具有可操作性。

缺点：

①内容由员工填写，有的职责可能会被员工忽略掉。

②员工自述职责往往不成体系，难以衔接，可能会大致描述，与公司现实需求脱节。

2. 分解法

分解法也可以称为下行法。具体而言，是根据企业目标和企业计划，采取鱼骨分析图，如图3-3所示或多叉树法将目标层层分解，并最终形成职责描述。

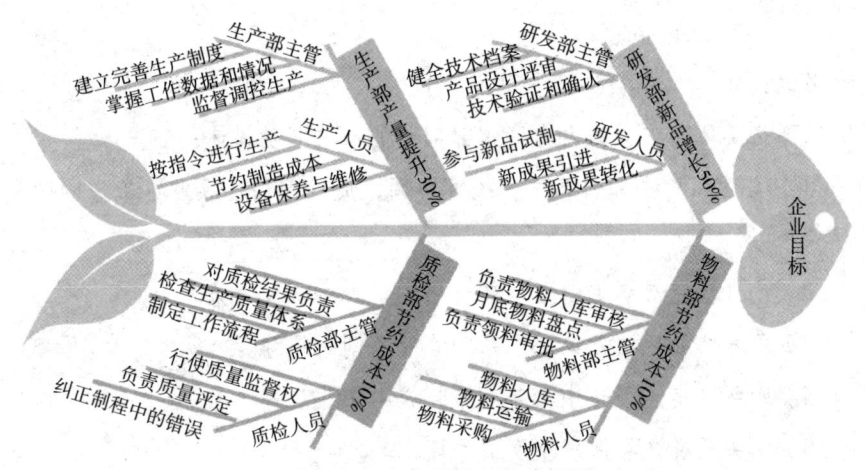

图3-3 企业目标鱼骨分析图

优点：

①能起到提前计划的作用。

②能够将职责因果关系呈现出来，明确每个岗位职责是否符合企业战略目标。

③可以从中生成工作指标，方便控制和考察绩效，为后期绩效管理工作的修正提供便利。

缺点：

①鱼骨图中的关键因素较难确定。

②由于自上而下确定职责，上级往往会对员工职责轻描淡写，容易遗漏某些岗位职责细节。

需要注意的是，在进行岗位职责梳理工作时，还需要做好以下三方面：

①注意调查研究，不断总结改进，随着工作的开展，对岗位职责的描述要持续改进和完善。

②注意协调配合，工作中要上下紧密联系和沟通，有效提升工作效率。

③在进行岗位职责描述时，要对"该做的事项"进行描述，而不是对"现实中在做的事情"进行描述。

案例：

以下是某体彩中心的人力资源部部长的岗位职责描述：

（1）全面负责本部门工作，统筹协调，促进部门各项业务工作的顺利开展。

（2）负责研究及制定中心发展规划和重大战略性政策。

（3）负责体彩玩法、渠道、品牌等业务创新统筹。

（4）牵头制定、下达中心年度市场核心工作目标。

（5）牵头开展区县体彩年度工作评比。

（6）完成中心领导交办的其他工作。

以上描述中，第四条、第五条并不属于人力资源部部长"该做的事情"，而属于"现实中在做的事情"。

有些日常事务性职责，与岗位相关性很小且不重要，不应当写入岗位职责说明书中。

案例：

以下是某体彩中心企划宣传部事务主管的岗位职责描述：

（1）负责公益活动的具体宣传，活动的组织，相关事项的联系。
（2）负责"你点我送""结婚有礼，体彩送福"活动报批汇总工作。
（3）负责接办公电话、传真。
（4）负责部门的内务工作，包括文件收集和归档，相关账务的报销。
（5）负责区域内卫生清洁。

其中，第三条内容与企划宣传部事务主管的岗位职责关联性很小且不重要，不需要写入岗位职责说明书中。

④部门把关，查漏补缺。各部门对员工所提交的岗位职责进行收集，并认真分析，明确岗位的工作细节和注意事项等。

二、提炼关键绩效指标

在做完岗位职责梳理工作之后，接下来要做的就是提炼关键绩效指标。提炼关键绩效指标，是由各级经理根据直系下属的关键职责，结合本部门与下级的关键岗位职责，跟下属沟通后确定关键绩效指标。在提炼关键绩效指标时，要根据公司战略、业务计划、岗位职责要求，为被评估者制定可衡量、可量化、具有代表性的关键绩效指标。

1. 关键绩效指标的提炼方法

以企业部门经理的关键绩效指标提炼方法为例：

第一步，应用平衡计分卡（简称BSC，是常见绩效考核方式之一，简单来说，是包括从财务、客户、内部运营、学习与成长四个角度，将企业战略落实为可操作的衡量指标。）初步分解企业战略目标。从中找出战略实现的关键驱动因素。

第二步，在战略目标分解的基础上，应用战略分解矩阵，将各关键驱动因素落实到每个部门，以便明确各部门年度工作重点。

第三步，根据年度工作重点，结合各部门经理岗位职责，填写各部门经理的年度工作计划表。在年度工作计划表中，着重体现工作任务、工作时间进度和具体措施、预计成果描述、所需资源支持等各项内容。

第四步，在年度工作计划表中，提取各部门经理的年度关键绩效指标。

通过这样的流程和步骤，将企业战略目标层层分解，落实到各部门经理，然后由各部门经理再将其工作目标进行分解，从而达到将企业战略目标往下传递的作用。

2. 关键绩效指标的提炼原则

制定关键绩效指标，通常应当遵守以下五个原则：

（1）少而精原则。

关键绩效指标，应当体现"二八原则"，即关键绩效指标总和应当能反映被考核者80%以上的工作成果。关键绩效指标的数量通常控制在4~8个为最佳。

（2）结果导向原则。

关键绩效指标主要侧重于对被考核者工作成果的考核。

（3）可衡量性原则。

关键绩效指标应具备可衡量性，应当有明确可行的考核方法和考核标准。

（4）可控性原则。

关键绩效指标是被考核者可控制的、能产生重大影响的指标。

（5）一致性原则。

关键绩效指标与企业战略目标一定要保持一致，这样关键绩效指标的实现，对于企业战略目标的实现具有辅助作用。

三、工作目标设定

在明确关键绩效指标之后，接下来就是要根据关键绩效指标进行工作目标设定。公司内部不同职位的工作性质不同，也并不是所有的职位都可以用量化的关键绩效指标来衡量。比如支持性职能部门，包括财务、人力资源部、法务部等，这些部门主要是提供基本的支持和服务，以确保企业的高效运作。对于这些部门的人员，可以纳入工作目标评定中来，作为对关键绩效指标的一种补充和完善。

案例：

以下是某公司销售人员的工作目标计划表，如表3-7所示。

表3-7　某公司销售人员的工作目标计划表

姓名		部门		岗位	
工号				日期	
工作目标设定					
项目	月份	工作目标	预定完成时间	完成情况	备注
1	4月				
2	5月				
3	6月				
4	7月				
5	8月				
总结					

除此以外，对处于其他职位的员工来讲，必须设定相应的工作目标。那么，具体如何做才能有效地设定工作目标呢？

1. 确定关键工作任务

确定关键工作任务，即希望员工完成什么样的工作任务。这一信息主要来源于岗位职责说明书。

2. 设定挑战性目标

确定关键工作任务后，就需要对其进行目标设定，即需要将这项任务完成到什么样的程度，达到什么样的效果。在设定目标时要明确，同时还要具备一定的挑战性。

3. 确定最后期限

每一个目标都要有一个完成期限，这样在一定期限内完成，才有考核的意义。设定最后期限，还应当符合实际情况，在员工能力范围之内，在可实现范围之内。

4. 允许员工积极参与

设定工作目标的过程中，员工也可以参与其中，这样更加便于他们对目标的认可。当然，允许员工积极参与，必须足够的真诚，让员工感受到你是真心希望他们参与其中，而不是流于形式。

5. 为目标设定优先级

任何事情都有轻重缓急之分。当你给员工设定的目标较多时，就需要根据轻重缓急的程度，对目标进行排序，优先完成最重要、最紧急的目标。这种排序的做法，目的在于鼓励员工根据目标的重要程度，采取相应的行动。

6. 设定难易程度、重要程度不同的目标

目标不应当都设定为容易目标，这样谁都能轻而易举完成，对于绩效考核也没有太大的意义。因此，目标设定应该有不同的难易程度和重要程度，然后按照难易程度和重要程度来评定完成情况。当员工按照这种方法完成目标之后，会因为尝试困难目标而受到赞赏。即使其并没有完全实现目标，对他们而言也是一种很好的鼓励，使他们勇于挑战自我。

7. 建立反馈机制

建立反馈机制的目的，是让员工明确现阶段的努力程度是否足以实现目标。反馈应当包括自我反馈和向上级反馈。无论哪种反馈方式，都应该多次、反复进行。

8. 将奖励与目标实现结合在一起

员工完成了相应的目标，就应当给予相应的奖励，这是对员工激励的最好方式。将奖励与目标实现结合在一起，有助于提升员工积极完成目标的主观能动性。

在设定工作目标时，需要注意以下三个方面：

①只选择对企业价值有贡献的关键领域，而不是所有的工作内容。

②工作目标设定不宜太多，通常 3~5 个为最佳。
③不同工作目标针对不同工作内容，不应当重复设定。

四、设计权重

员工在一段时间内的工作目标往往具有多元化、综合性特点，所以绩效目标也往往不止一个。绩效指标权重，反映的是企业重视的绩效领域，对员工的行为有明显的引导作用。权重是绩效指标体系的最重要组成部分。在设计权重的时候，应当注重突出重点目标，体现管理者的引导意图和价值观。

案例：

本年度，企业注重的是产品质量，则应当增加返修率、次品率等与质量有关的指标的权重。"质量第一"的导向要体现在权重当中。

那么绩效指标的权重为多少合适呢？权重如何设置呢？

1. 权重设计原则

绩效指标的权重设计，很多人都是凭个人经验判定的。但权重的设计也不能太过随意，需要遵循一定的原则：

通常，职位考核指标有 4~8 个，而每个指标的权重一般设定为 5%~30%。如果超出这个范围，则会使员工只关注高权重指标而忽略其他；如果权重太低，则不能引起他人的足够重视，这样指标的设定也就失去了意义。

职位越高，经营指标和业绩指标的权重就越大；职位越低，流程类指标的权重就越小，与岗位职责相关的工作结果类指标的权重则越大。

根据"二八法则"，通常最重要的指标有两三个，如果只有一个指标，那么其权重一般超过 60%；如果有两个指标，那么每个指标的权重都在 30% 以上；如果有三个指标，那么每个指标的权重通常在 20% 以上。一般情况下，为了便于计算和直观比较，指标权重一般为5%的倍数，权重小于5%时，对综合绩效的影响太过微弱，也就失去了意义。

案例：

以下是某公司生产部门月度考核指标权重统计表。如表3-8所示。

表3-8 某公司生产部门月度考核指标权重统计表

序号	关键绩效指标名称	权重	统计方法	统计部门	统计责任人 分数	统计责任人 签名	备注
1	周计划完成情况	4分	以周为单位，单项每延误一次扣1分	总经理			
2	协助配合指标	5分	依《团队协作测评表》评分	人力资源部			
3	额外指标（加分项）	不限	申请人按公司奖惩管理办法填写《员工奖惩呈报单》，以公司额外批准的加分数值为准	人力资源部			
4	额外指标（加分项）	不限	申请人按公司奖惩管理办法填写《员工奖惩呈报单》，以公司额外批准的加分数值为准	人力资源部			
5	材料损耗率	18分	材料损耗率=(1−入仓产品数量及废料重量÷发料重量)×100%。损耗率超过1%扣2分	计划部			
6	周生产计划和月度产出率	45分	周计划完成率=(实际完成数÷周计划完成数)×100%。结果与权重直接对应得分，每降低1%扣2分	计划部			
7	一次性通过率	18分	一次通过率=(一次交验合格批数÷总交验批次数)×100%。每低1%扣3分，结果与权重直接对应核算得分	品管部			
	合计						

2. 绩效指标权重设计方法

设计绩效指标权重，通常使用的方法有三种：

（1）关键绩效指标和工作目标设定两者之间的权重分配。

通常，在设定绩效计划的过程中，对于高层管理人员，只设计关键绩效指标，不设定工作目标完成效果。对于那些职能部门，包括人力资源部、财务部、法务部等，通常需要设定工作目标计划评估。由于企业的各个部门职责不同，所以在实际操作过程中，对于权重设计根据具体情况而定。

（2）关键绩效指标的权重分配。

在设计指标权重时，需要注意的是：一些通用类指标，如部门员工流失率、部门预算费用执行情况等，在各个部门所占的权重要保持一致。

（3）工作目标设定的权重分配。

工作目标设定绩效评估是一种不同于关键绩效指标的评估方法，其各项工作目标的权重之和为100%，一般只有3~5项。

五、确定关键绩效指标值

绩效计划中的指标值，是企业用来衡量被评估者是否达到企业期望的标准，可以推动企业政策的落实，为企业的运行提供方向，保证企业战略绩效管理体系能够做到公平、客观。这个指标值的设定必须非常明晰地传达给每一位员工，这样才能使员工的工作效率得到保证。因此，在确定关键绩效指标的指标值时，需要遵循评估者和被评估者双方共同确定的原则。

关键绩效指标的指标值设定，包括目标值和挑战值两部分。

1. 目标值

指标就像是钟表的指针一样，每个刻度就是指针对应的目标值。只有指针，没有刻度的钟表是没办法精准衡量时间的。所以，关键绩效指标需要目标值来衡量业绩。

案例：

一个生产车间主任，每季度的"人员流失率"指标，如果只有流失率指标，没有目标值，即没有明确流失率要控制在什么样的目标范围之内，则这个考核计划就没有执行的价值。

由此，我们可以明确目标值的定义，即员工恰好完成对其所在职位工作任务的期望，员工所在的职位应当达到绩效指标完成标准。目标值的确定，首先要确定类似指标在相同市场环境中的平均完成情况。根据企业现有的经营情况进行调整，并参照行业水平、技术指标等，对上级所设定的目标值进行分解，在保证下级部门能够达成指标的情况下，根据企业战略发展的侧重点确定目标值。通常，目标值完成的可能性大约为80%。

2. 挑战值

挑战值，即评估者对被评估者在关键绩效指标完成方面寄予了高期望值。在设定挑战值时，要在基本目标值设定的基础上，考虑实际工作绩效是否很容易在基本目标的基础上有所波动。波动性较强的指标，应当设定为挑战性较高的目标。通常，挑战值的完成率大约为30%。

需要注意的是，在确定挑战值时，要尽量避免相同类型职位的挑战值在相同的情况下有高有低。

六、指标审核

确定关键绩效指标值之后，还需要进一步对关键绩效指标进行审核。绩效计划中的指标审核，主要是为了检查指标设计是否能合理、客观地对被考核对象的工作绩效做出反应。

对关键绩效指标进行审核，主要从以下六方面入手：

1. 工作产出是否为最终产出

关键绩效指标评估的内容主要是对工作结果进行评估，所以在设定关键绩效指标时，也要关注与工作目标相关的最终结果。在有最终结果可以衡量的情况下，就不需要追究更多的细节。

2. 关键绩效指标是否可以证明和观察

在设定了关键绩效指标之后，接下来就是要依据这些关键绩效指标，对被考核者的工作表现进行跟踪和评估。这样做的目的，就是要明确关键绩效指标是否可以观察和证明。

3. 多对一进行绩效指标评估，结果是否一致

很多时候，同一个绩效指标需要多个评估者一同进行，此时就要具备清晰的评估标准。在这个基础上，不同的评估者对同一个绩效指标进行评估，就有了一致的评估标准做约束，能够保证取得一致的评估结果。

4. 指标总和是否可以解释被评估者 80% 以上的工作目标

绩效指标能否覆盖被评估者的工作目标？覆盖率能达到多少？这也是进行关键绩效指标审核的一个重要方面。在审核时需要重新审视被评估者的主要工作目标，看关键绩效指标是否可以解释被评估者主要的工作目标。

5. 是否可以跟踪和监控关键绩效指标

做绩效计划，不但要设定关键绩效指标，还要明白如何借助关键绩效指标对评估者的工作结果进行衡量和评估。而实现这一点的关键，就在于对关键绩效指标的跟踪和监控。如果跟踪和监控关键绩效指标的可操作性不强，那么绩效指标的设定也就失去了意义。

6. 是否留下超越标准的空间

关键绩效指标是对工作目标进行评估的一种标准，也就是判断工作是否合格的标准。因此，绩效标准应当设置在大多数被评估者通过努力可以达标的范围之内。如果绩效标准在这个范围内，那么就被认定为卓越的绩效表现。

案例：
以下是CC公司的绩效管理计划设计，以供参考。

第一部分　CC公司介绍

1.CC公司的概况

CC公司是一家代工制造型企业，成立于1994年，注册资金2000万

元。公司有员工1000多人，专业生产扬声器系统，产品用于迷你、微型音响组合和汽车行业，并制造专业用途的扬声器。

（1）CC公司的主要发展路径。

1994年，在东莞市虎门镇成立，公司主要生产木制音箱。

2001年，搬迁至东莞市长安镇，公司开始生产汽车喇叭，主做通用汽车喇叭，同时通过了ISO9000体系认证。

2004年，收购A工厂，公司减掉音箱业务，全力做汽车喇叭，主要客户包括通用、福特、大众等。同时，通过了ISO14001体系认证。

2005年，公司通过了汽车行业的TS16949认证和福特Q1认证。同时，与南京某大学声学专业开展了长期科研合作。

2007年，公司获得了欧盟的ROHS认证。

2009年，公司获得了奥迪汽车订单，正式开展合作。

2010年，公司获得了宝马汽车订单，正式开展合作。

2011年，公司获得了三菱汽车和标致汽车订单，正式开展合作。

自2011年开始，公司的发展开始停滞不前，销售额始终停止在3.5亿元左右，利润停留在2000万元左右。随着竞争的加剧，开发新客户变得越来越困难，同时，原材料成本、工人的人工成本等都在不断上涨，董事会也在不断关注盈利能力。如何提升绩效水平，尤其是如何提升生产部的绩效水平，是摆在经营层面前的一个重要问题。

（2）CC公司的组织架构。

公司下设12个部门，分别是财务部、行政人事部、系统建设部、销售订单部、研发部、PMC部、采购部、仓储部、生产部、PIE部、质管部、报关部。如图3-4所示。

（3）CC公司各部门的主要职能。

①财务部：负责会计政策制定、预算管理、成本核算、融资等会计和财务管理。

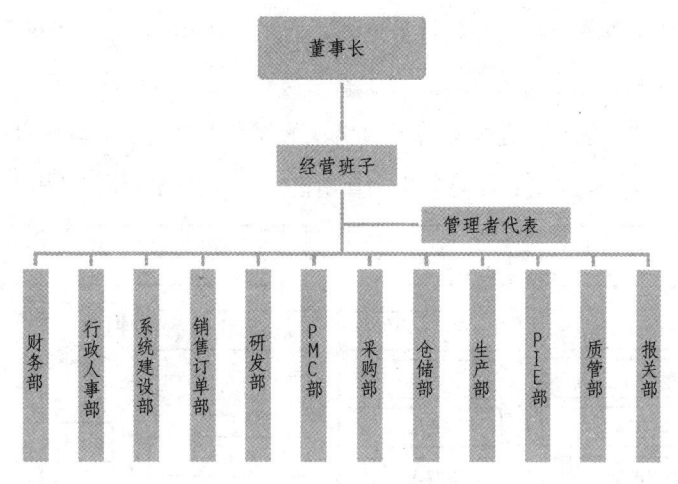

图3-4 CC公司组织架构

②行政人事部：负责员工的招聘、培训、考核、薪酬、考勤、后勤等事务管理。

③系统建设部：主要负责构建和维护公司质量管理体系和客户要求体系的运行。

④销售订单部：主要负责评估订单并分解订单到各部门及组织各部门完成订单。

⑤研发部：主要负责根据客户的样品或图纸、**BOM**表设计和研发产品。

⑥PMC部：主要负责根据订单需求评估物料需求状况及安排生产计划。

⑦采购部：主要负责根据生产计划需求和库存情况采购物料。

⑧仓储部：主要负责收货、储存物料和出货。

⑨生产部：主要负责生产制造。

⑩PIE部：主要负责生产制程工艺改善及机器调试、维修保养。

⑪质管部：主要负责检查原材料和成品质量、管理生产过程的质量。

⑫报关部：主要负责原材料和成品的进出口手续办理。

（4）CC公司业务运作流程。

公司目前最主要的销售方式是直销模式。在直销模式下，公司将产品直接销售给国内外的大客户。直销模式一般包括发现目标客户、工厂认证、产品方案论证及商务谈判、产品研发和认证、订单传递和确认、组织订单生产、订单交付和回款七个主要环节。由于直销模式涵盖上述多个环节，并且需要经过多项严格认证，因此其最终销售实现的周期相对较长，与此对应，同行业公司之间的竞争壁垒也相对较高。直销模式的典型流程如图3-5所示。

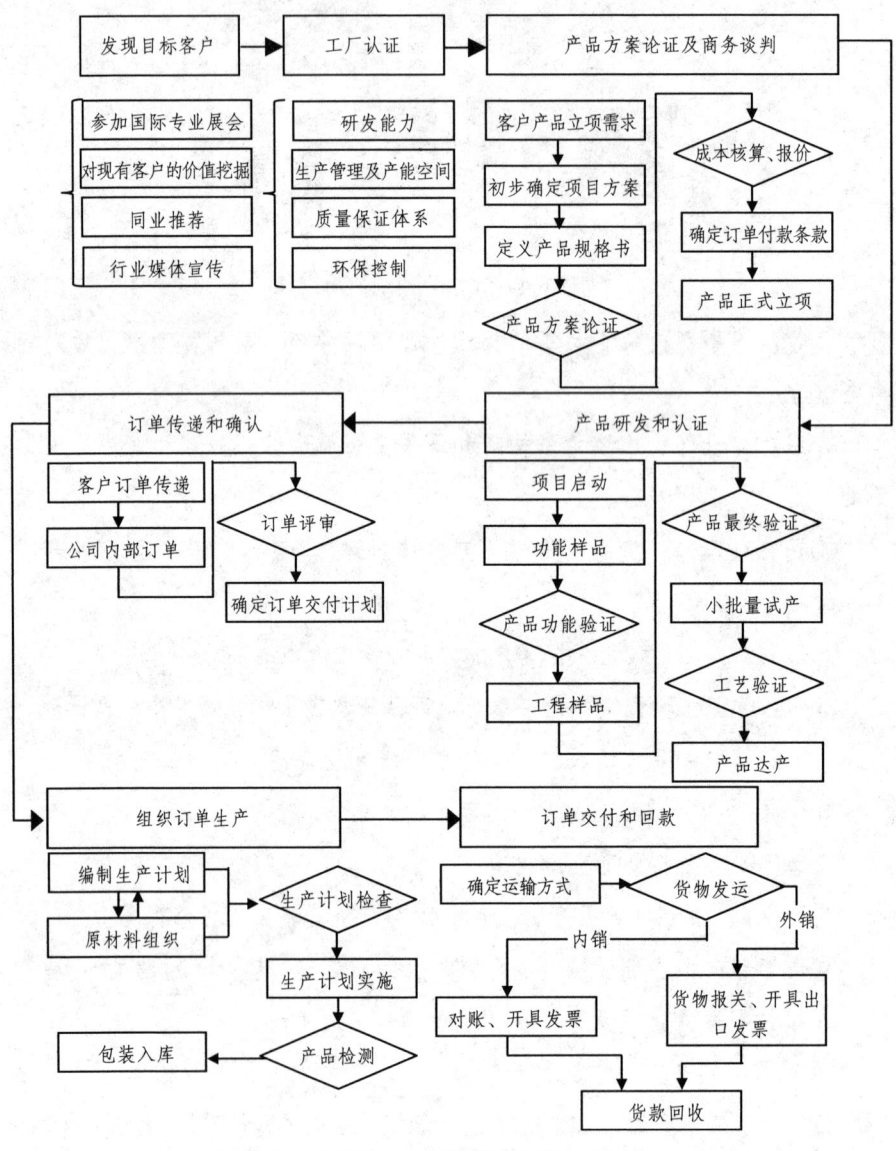

图3-5 直销模式流程

发现目标客户：公司寻找直销客户的主要途径包括参加国际专业展会、对现有客户的价值挖掘（不同产品线之间的联动效应）、同业推荐和行业媒体宣传（如网站、专业杂志、新品发布会、专业研讨会）等多种方式。随着公司全球市场份额的提升，公司在行业的美誉度和知名度都在不断上升，对现有客户的价值挖掘和同业推荐等方式带来的客户和项目数量所占的比例逐年增大。

工厂认证：客户对工厂的认证，主要对企业现有的研发能力、生产管理和产能空间、质量保证体系和环保控制等多个方面的综合实力进行认证，这些能力的形成需要较长时间的努力与积累。公司依靠自身在电声行业内的多年经验，在工厂认证环节与竞争对手相比具有较强的竞争优势。

产品方案论证及商务谈判：工厂认证合格之后，客户会根据市场需求，向公司提出产品立项的邀请，并向公司提供必要的产品规格书和产品验证等技术文档。公司将根据客户的需求，形成较详细的产品方案。与此同时，公司与客户讨论确定产品报价和相应的付款条件等商务条款。公司根据不同客户的信用等级，进行严格的授信额度控制。产品方案和相关的商务条款确认之后，公司将在内部正式对产品立项，进入产品开发环节。

产品研发和认证：微型电声元器件产品的研发过程相对较短，一般约为3个月；消费类电声产品的研发周期相对较长，约为4~6个月。公司先进的IPD产品项目管理流程和较强的研发团队，能够保证在较短的项目周期内，创造性地完成客户的定制化产品开发。功能样品阶段，主要是由公司根据客户要求的技术规格，对在研产品进行初步的功能验证。一般在工程样品阶段，公司将向客户提交产品的样品，由客户进行相关的测试。截止到目前，完整的微型电声元器件和消费类电声产品的国际标准还没有形成，国家标准也同样缺失。因此，客户往往依据自身的技术标准对公司送样的产品进行各项性能检测与可靠性试验。除了要满足客户企业内部的产品认证要求之外，公司还需要根据产品最终销售区域法律、法规的需要，通过多种强制性产品认证。产品认证完成后，公司将进行小批量试产，以优化产品制作工艺，提高产品成品率。小批量试产成功之后，产品正式生产，随时可以根据订单需要进行大批量生产。

订单传递和确认：客户传递订单的方式包括电子邮件、传真和互联网商务系统等方式。在收到客户的订单需求后，公司市场部将据此整理生成公司内部订单，并组织采购、生产、质管等部门根据内部订单对交货期等方面进行订单评审。公司将根据内部评审结论，通过电子邮件等方式，向客户确认订单交货计划。

组织订单生产：组织订单生产环节主要包括物料采购，生产组织和品质检验等核心环节。品质检验合格的产品进入公司成品库，等待安排发货。

订单交付和回款：对于内销订单，公司市场部与货代公司共同签署货物发运单，然后将货物交给货代公司。与此同时，公司随货物附上送货单一式两份，该单据作为发货的凭证，随货一起发至客户处，由客户接收货物的同时回签该单据，一份客户留存，另一份将由货代公司返回给公司市场部存档。一般在货物发出之后的当月月底，公司市场部整理当月对账单，通过电子邮件、传真等方式，取得客户的确认回复。根据确认后的对账单信息，公司向客户开具发票，按照约定付款条件申请客户付款；对于外销订单，公司根据出口货物的型号、数量、单价、金额等相关信息，制作报关发票和装箱单，同时将核销单、报关单等资料转交货代公司（对于进料加工，还需提供加工贸易手册），委托货代公司报关。货物发运之后，公司根据约定付款条件向客户申请付款。公司收到货款之后，将提交国家外汇管理局进行核销。

本公司的业务特点是在形成最终销售之前，需要经过相对较长的工厂认证、产品研发试产和认证等环节，而一旦产品最终通过了客户的认证，一般不会被其他竞争对手轻易取代；同理，开发新客户难度也较大。

（5）CC公司的主要竞争对手。

①GG公司。从事电声、电子产品的设计、生产、销售，目前产品覆盖了电声配件、扬声器单元、音响系统、数字功放、聚合物锂电池等。GG

公司于 2005 年上市，截至 2016 年年末，公司总股本为 416904000 元，总资产超过 30 亿元，2016 年实现销售收入超过 25 亿元，拥有在册员工及劳务工 5500 余人。

②GE 公司。成立于 2001 年 6 月，2008 年 5 月上市，公司主要从事声学、传感器、光电、3D 封装模组等精密零组件，以及虚拟/增强现实、智能穿戴、智能音频、机器人等智能硬件的研发、制造和品牌营销。目前已在多个领域建立了全球领先的综合竞争力。自上市以来，GE 公司保持高速成长，年复合增长率达 40% 以上。

③HW 公司。1991 年创立，拥有从扬声器单元、音箱到各类电声产品的完整产业链。产品线覆盖 HiFi、家庭影院、多媒体有源音响、汽车音响、专业音响、智能广播系统、各类扬声器单元和箱体制造等多个领域。

（6）CC 公司的人力资源现状。

①人员结构现状。在 CC 公司 1071 名职工中，各部门职员小计 185 人，占比 17%；工人小计 886 人，占比 83%。在工人中：生产工人 689 人，品质检查工人 153 人，仓库工人 28 人，其他工人 16 人。明细如表 3-9 所示。

表3-9　CC公司人员结构表

类别		人数	占比
职员	所有部门	185	17%
工人	生产部	689	64%
	质管部	153	14%
	仓储部	28	3%
	其他部门	16	2%
小计		1071	100%

②年龄结构现状。根据现阶段制造业特性，对 CC 公司职工按年龄段予以统计：18 岁以下职工 18 人，占比 2%；18~20 岁职工 223 人，占比 20%；21~25 岁职工 299 人，占比 28%；26~30 岁职工 256 人，占比 24%；

31~35岁职工118人,占比11%;36~40岁职工94人,占比9%;41~60岁职工63人,占比6%。员工平均年龄为23.4岁。明细如表3-10。

表3-10　CC公司人员年龄结构表

序号	年龄段	职员	工人	小计	占比
1	16~17	0	18	18	2%
2	18~20	3	220	223	20%
3	21~25	24	275	299	28%
4	26~30	67	189	256	24%
5	31~35	38	80	118	11%
6	36~40	32	62	94	9%
7	41~60	21	42	63	6%
	小计	185	886	1071	100%

③学历结构现状。CC公司有博士1人,占比0.1%;硕士3人,占比0.3%;本科46人,占比4%;大专113人,占比11%;高中及中专共605人,占比56.6%;初中及以下人员303人,占比28%。明细如表3-11所示。

表3-11　CC公司人员学历结构表

序号	类别	职员	工人	小计	占比
1	初中及以下	1	302	303	28%
2	高中	2	197	199	18.6%
3	中专	47	359	406	38%
4	大专	86	27	113	11%
5	本科	45	1	46	4%
6	硕士	3	0	3	0.3%
7	博士	1	0	1	0.1%
	小计	185	886	1071	100%

④职称结构现状。CC公司拥有高级职称的职工17人,占比2%;拥有中级职称的职工39人,占比3%;拥有初级职称的职工54人,占比5%;无职称的职工961人,占比90%。明细如表3-12所示。

表3-12 CC公司人员职称结构表

序号	类别	人数	占比
1	高级职称	17	2%
2	中级职称	39	3%
3	初级职称	54	5%
4	无职称	961	90%
	小计	1071	100%

⑤司龄分析。CC公司的职工司龄普遍偏低，这也从侧面反映了人员流失率偏高的问题。入职12个月内的职工占比63%，5年以上职工占比仅4%，明细如表3-13所示。

表3-13 CC公司人员司龄结构表

序号	司龄	职员	工人	小计	占比
1	3个月以内	5	174	179	17%
2	3~6个月	6	167	173	16%
3	6~12个月	9	311	320	30%
4	12~36个月	79	165	244	23%
5	36~60个月	55	55	110	10%
6	60个月以上	31	14	45	4%
	小计	185	886	1071	100%

从以上数据可看出，CC公司人力资源的特点比较明显，特点如下：

第一，职工的人员结构基本合理，符合劳动力密集型企业特性。

第二，年龄结构基本合理，趋于年轻化，具有较好的人员梯次结构。

第三，学历结构不合理，大专及以上学历的员工占比仅15.4%，即使对传统制造企业而言，也比较低；初中及以下学历的员工占比高达28%，不利于企业的长远发展。

第四，职称分布明显呈现较差的水平，无职称的员工占比高达90%。

第五，工龄分布严重不合理，尤其工人的流失率较市场水平偏高。

2.CC公司生产部介绍

生产部是CC公司的核心部门，与各个部门都有紧密的内部业务往来。CC公司的生产模式主要是根据客户的需求接单生产，均为自主生产，包括生产计划模块、产品制造模块与产品交付模块三个部分。如图3-6所示。

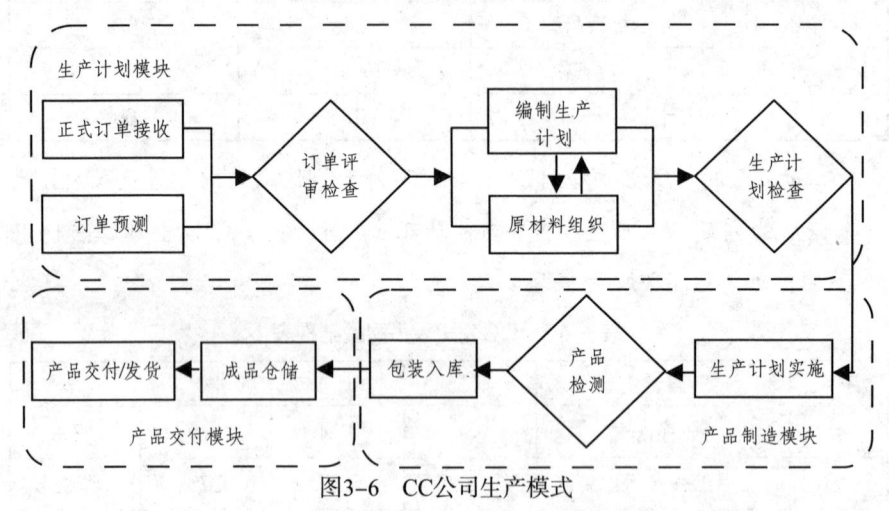

图3-6 CC公司生产模式

公司一般根据生产工艺、批量性、环保性以及客户或消费者的特殊要求不同设立不同的生产线和生产区域，如批量常规产品生产线、大客户产品生产线、环保产品生产线等类型，有效避免了产品型号带来的时间浪费。生产部共有12条生产线，其中，2条生产线专门生产大众汽车产品喇叭，2条专门生产通用集团的汽车喇叭，1条专门生产奥迪汽车喇叭，1条专门生产福特汽车喇叭，其余6条生产线根据生产计划生产。每条生产线设拉长1名，每两条拉设组长1名，每4条拉设置1名生产科长，部门设置1名生产经理和2名生产文员，目前共有24人。这24名人员，除8人是老员工外，其他人员均是入职不到1年的新员工。

生产部目前的生产工人550人，男女比例基本相同，入职1年以上的工人186人，占比33%。目前，大家的工作积极性很高，但普遍对公司的未来发展和工资福利的提升比较担忧。

3.CC公司生产部绩效考核现状

生产部的绩效考核遵循PDCA循环的大原则，即计划、执行、检查、反馈的流程循环。目前，CC公司对生产部共考核3个指标：生产综合效率、产品的及格率、报废率，明细如表3-14所示。

表3-14　CC公司生产部考核指标

序号	指标	计算公式	评分标准（最高100分）	权重	目标值	考评周期
1	生产综合效率	标准总工时÷实际投入总工时×100%	实际值÷目标值×100	50%	90%	季度
2	产品的及格率	产品合格数÷送检总数×100%	实际值÷目标值×100	25%	97%	季度
3	报废率	生产报废品金额÷标准原材料金额×100%	目标值÷实际值×100	25%	≤3%	季度

最近4个季度的结果显示：生产综合效率、产品的及格率、报废率的平均值分别为91%、98%、0.75%，均达标，即各季度均是100分。

从上述考核结果看，CC公司生产部非常优秀，业绩非常完美。但事实上，CC公司最近1年没有任何新产品上线，客户对质量的抱怨接连不断、公司利润大幅下降、销售额不断减少。鉴于此，经营班子对生产部的表现很不满意，认为其考核面太过狭窄，难以适应公司管理需求。主要问题点如下：

（1）生产部没有给予其他部门很好的配合，尤其是试产新产品时，甚至拒绝执行PMC部的工作计划。

（2）生产部执行经营层指示时力度很低，比如经营层要求降低能耗和控制部门费用等，但生产部一直是表面应付实际未执行。

（3）生产部没有服务客户的理念，只顾两耳不闻窗外事地埋头做生产。比如，即使是客户要求通过的质量管理体系或客户认证，生产部也是不热衷于跟进，反而认为是系统部的工作。事实上，若不通过质量管理体系，公司将无法获得订单。

随着企业竞争的加剧，CC公司急需战略转型，必须丰富销售产品种类、加大研发能力、优化产品制造能力等。为了支撑企业未来的发展，CC公司的经营班子和生产部经理都认为必须立刻优化生产部的考核指标，否则这将会制约CC公司的战略转型。但具体怎么优化，众说纷纭。

第二部分　设计CC公司生产部关键绩效指标体系

1.设计思路

根据企业战略目标和平衡计分卡的理论，设计出公司的战略地图，依据公司的关键成功要素设计出公司性的KPI，将公司性的KPI分解至生产部。明细如图3-7所示。

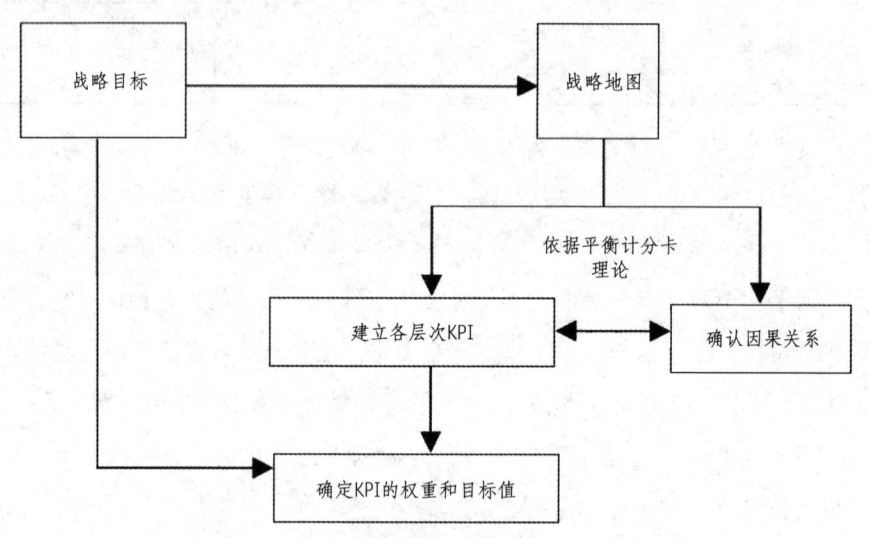

图3-7　CC公司生产部关键绩效指标体系设计思路

2.构建生产部部门级关键绩效指标体系

通过对主要竞争对手GG公司、GE公司、HW公司及整个电声行业进行分析，CC公司决定将公司新的战略定为"低成本的扩张"，明细如下：

●公司战略：大批量生产和内部垂直整合管理。

抢夺汽车的车载音响系统中的市场份额；控制音响元器件的核心部分

技术和生产工艺；从 OEM 模式向 ODM 模式进行转变。

●业务方式：提高竞争力，获得更多订单。

纵向向上提升产品研发及制造水平；横向积极扩张新产品线及开拓新市场；建立快速响应的业务发展能力，完善从产品的技术、质量的控制以及售后的服务等一站式的服务方式。

采用"红海"战术，以更低的价格获取更多的市场份额，并在生产产品和服务中不断提高服务的质量。

●发展目标：三年内，营收每年增长20%，获利每年增长15%。

（1）绘制战略地图。

①确定企业战略目标。战略目标既是一个企业的发展方向，也是企业在目标期限内需要完成的任务，对于此案例的研究对象 CC 公司而言，其在面对停滞不前的困境时，需要有一个明确的目标来指引、激励公司的发展，因此，就制定了"营收每年增长20%，获利每年增长15%"的战略目标。根据企业发展中的平衡计分模型，能够将企业的预期收益的目标作为企业战略目标的一部分，并将大的、长远的目标分解为短期的任务，由企业各个环节来负责，从而实现最终的战略目标。

CC 公司内部的财务统计和模块组成如图 3-8 所示。

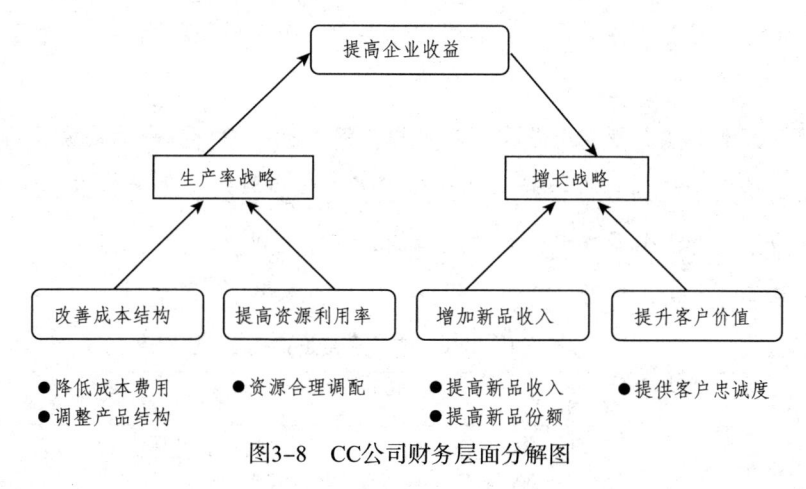

图3-8　CC公司财务层面分解图

在对 CC 公司的财务层面进行分析的时候，采用的是 QQTC 模型，也就是将分析的角度从数量、质量、时间和成本四个方面出发，并逐一完成这些指标。

●数量：指企业在指定的时间或条件内完成的任务数量，包括所提供产品的数量、提供服务的次数等，一般其单位为个数和次数等。与企业数量相关的指标主要有三种，第一种是企业在经营过程中所获得的盈利情况；第二种是与企业所提供的服务或产品相关的指标，包括企业的经营额、收入情况等；第三种是企业的人数、员工数量、生产和研发员工的数量等相关的指标。这些指标都会对企业的数量产生直接影响。

●质量：指的是企业在指定时间或条件中完成工作的质量，包括所提供产品和服务的质量问题。企业质量的指标一般包含产品或服务的合格率、成品率和重做率等。除此之外，企业的质量因素还包括企业的效果以及客户的反馈等方面的内容，这些指标对于企业的发展来说也是至关重要的，能够在企业出现错误时及时对其进行更正。

●时间：企业的时间泛指规定的条件下，企业生产产品或提供的服务所需要的时间，这部分内容中主要包含了企业生产产品及时的情况、延时情况出现时其延时的多少以及后续的补救处理等，企业任务开始的时间、结束时间，以及对其中的最早和最晚的开始和结束时间进行记录，能够对企业在完成同类任务时提供可靠的数据参考。企业时间的指标对于企业中的每一个部分都是适用的。

●成本：成本是指企业在生产或提供服务过程中所付出的成本，一般包括制造所消耗的资源，材料的成本、人力的成本和设备的折旧成本等。成本的控制对于企业来说是至关重要的，它能够避免多余的支出，为企业节省更多的资金，从而保证企业的现金流。如表3-15所示。

表3-15　CC公司财务层面指标

指标	内容	计量单位
企业净利润	企业净利润直接反映该企业一年或一个季度中的发展情况，是企业能够不断发展的资源获得途径	亿元

续表

指标	内容	计量单位
企业营收	企业通过营业获得的收益,是产品销售的总额	亿元
企业售货量	企业在一年或一个季度中的出货量,反映该时期内市场的出货量,能够在一定程度上反映企业的发展情况	件
企业成本控制降低数额	企业在成本控制中所得到的结果,能够反映企业成本控制成效	元
企业的成本率	主要受到企业资源和资产利用的情况影响,这时企业的成本与营收之间的比值越小,则证明企业能够获得的收益越多	%
企业新产品在市场占有率	企业新产品的推出是企业不断发展的一个证明,而新产品的销售量和销售额也能够反映企业新产品受欢迎的程度,从而对新产品的成功与否进行判断	%
企业客户发展成本	企业在发展和维护客户关系中,需要支出一部分成本,而这部分成本也在企业总成本中占据了比较大的份额	元

②确定企业的客户价值主张。在CC公司,其内部对于市场的定位存在着不够明确的问题,而主要的问题之一就是对客户的价值不够重视。CC公司的新战略是将"总成本最低"作为企业的战略方向(客户价值主张)。

通常来说,低成本的发展方式能够使企业的资金得到保障,从而能够使同类产品的售价低于行业中同类对手产品的售价很多,能够在一定程度上提高自身的竞争力,即产品品质、及时性和价格较低的竞争优势。

在企业实行最低成本的发展模式中,必须集中力量对企业流程进行管理。因此,企业需要与供应商建立良好的合作关系,甚至是能够与供应商成为战略上的合作伙伴,从而使企业的发展能够得到可靠的、稳定的资源支持,便于形成稳定的从生产源头至售后服务的完整、稳定的服务链。同时,也能够管控运营中的各种风险。

对于总成本战略的控制,需要对成本中的各项因素进行调控,这也就意味着需要全面协调成本的各个要素。在成本的最低战略中,需要减少中间的交易环节,从而能够为客户提供更加简便的、省时、省力的交易流程。如图3-9所示。从客户的角度出发，能够使企业更加了解客户的实际需求，为企业制订计划、战略等提供可靠的依据。

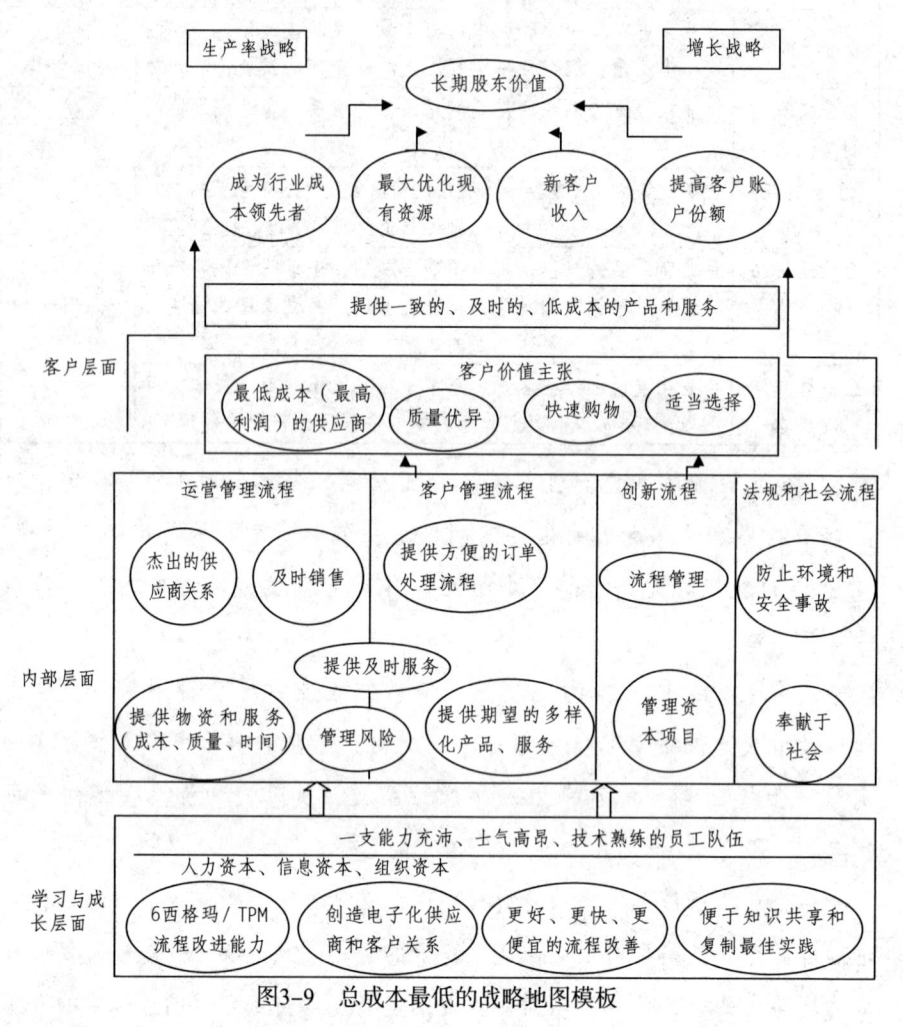

图3-9 总成本最低的战略地图模板

最低的成本战略在实现的过程中需要注重创新，成本的控制不意味着不投入任何最低成本以外的投入，长期实行最低的成本战略会使得公司在一定的程度上失去创新的能力。为了应对客户的要求，公司应定位在行业的跟随者，对领导者的创新理念和模式进行模仿和复制，而这其中最为重要的是，企业在追求创新的过程中，能够在既有的条件中对产品进行创新，从而降低企业创新所需的成本，达到成本控制的效果。

最低成本的战略也需要对相关的法律法规进行考虑，要关注社会责任和企业质量管理体系的要求。关注社会责任是企业家的义务，满足企业质量管理体系的要求有利于加强竞争力和建立行业壁垒。

在学习与成长层面，总成本最低战略力求打造一支能力充沛、士气高昂、技术熟练的员工队伍。企业在发展的过程中，注重对员工的创新能力和学习能力进行培养，创建相关的团队，促进员工之间的互助，提高他们的合作精神。

CC公司所实行的最低成本模式中，追求的是低成本、高质量的发展模式，主要分为三个方向，即为客户提供低价产品、为客户提供优质产品及服务、提供多种类产品供客户选择。

客户层面的分解如图3-10所示。

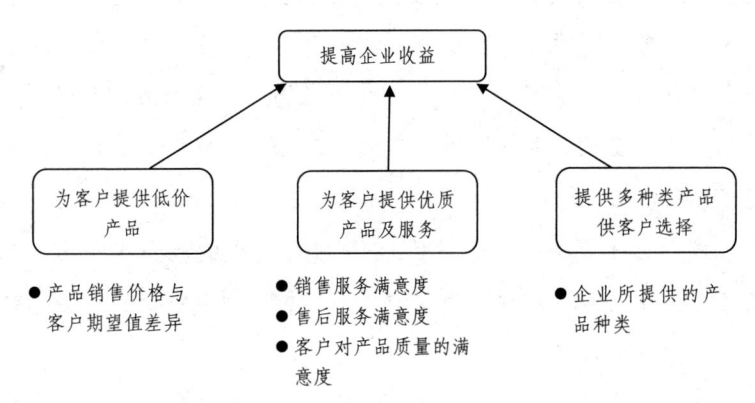

图3-10 CC公司客户层面分解

依此确定CC公司客户层面的指标，见下表3-16所示。

表3-16 CC公司客户层面的指标

指标名称	指标内容与含义	计量单位
\multicolumn{3}{c}{为客户提供低价产品：}
产品销售价格与客户期望值差异	反映能够为客户提供低成本产品的程度，是各系列产品销售价格与客户所期望的价格之间的差值。对于客户而言，其只能看到产品的销售价格，并根据这个标准来对产品的成本进行考虑，大部分的客户都会在保证质量的前提下，选择价格较低的产品	元

续表

指标名称	指标内容与含义	计量单位
为客户提供优质产品及服务：		
销售服务满意度	反映了客户在购买产品时对产品的销售服务的满意度，一般由第三方来进行评定，其评定的结果能够作为客户在选择产品时的满意度评价指标	分（或排名）
对售后服务的满意度	反映了客户在购买产品后对产品售后服务的满意度，一般由第三方来进行评定，其评定的结果能够作为客户在选择产品时的满意度评价指标	分（或排名）
客户对产品质量的满意度	反映客户感受到的质量满意度，由第三方进行评价，结果是分值。也可用质量满意度排名来代替（同行业竞争对手的质量满意度排名）	分（或排名）
提供多种类产品供客户选择：		
企业所提供的产品种类	指的是企业所能够为客户提供的产品的种类，应该包含企业生产的全部产品，但不包括企业正在开发的产品	个

③确定少数关键流程。在企业的内部层面中，除了实行最低成本的管理方法之外，CC公司在选择流程的时候，还需要选择相应的与管理相关的流程，同时也需要兼顾客户方面的态度，从客户出发，以更加优质的服务来获得客户的信任。

在本案例的研究中，通过对CC公司进行初步的调查，发现其在建立供应商关系、商品生产流程、成本控制和销售管理等方面存在着问题，因此，在下文中将针对这些方面对其一一展开分析。

供应商关系：供应商是生产类企业发展的重要支持，而与供应商良好的关系能够保证企业在发展中获得不断的原料支持，因此，如何与供应商建立良好的关系是企业必须解决的一个问题。在CC企业的发展战略中，没有明确地要求将供应商作为战略伙伴，因此，他们之间的关系仅仅是一种合作上的关系，靠相关的文件和合同所维持，这种关系明显不利于企业的长期发展。因此，企业在选择供应商的过程中，需要把供应商作为战略伙伴，对供应商的规模、供应能力等进行详细的考量，从互相信任做起，逐步建立双方良好的合作关系，进而成为战略上的伙伴。

商品生产流程：产品生产流程主要包括产品的生产效率，而如何提高企业的生产效率，则需要对企业所使用的生产设备、生产技术等进行改进，使用更加先进的生产设备不仅能够提高产品的产能，还能够提升产品的质量。

成本控制：在CC公司中，尽管在客户选择流程中实行成本最低的控制方式，但在其他流程中，CC公司还没有实行健全的成本控制方法。因此，要进一步对成本进行控制，就需要在其他流程中开展成本控制的方法，实现利用最低的资源来完成最高的产能输出。

销售管理：销售管理主要是对客户进行管理，无论是新客户还是老客户，公司需要在维护和发展的过程中投入一定的成本，这部分的成本主要是为客户提供产品上的优惠、客户应酬等方面的支出。这部分的投入能够有力地维护企业与客户之间的关系，使企业的发展具有客户的支持，另外，企业也能够通过老客户介绍新客户的方式来获得更多的客户，这不仅能够实现与客户之间的双赢策略，也能够有针对性地使用方法来留住客户。

产品创新：产品的创新是企业不断发展的动力和证明，尤其是需求量大、更新换代速度快的产品，企业若不能提供更加先进、更加便利的产品，将会使企业很难在激烈的市场竞争中生存下来，因此，企业的创新能力也在一定程度上影响着企业的生存能力。产品的创新意味着成本的投入，但成本的投入并不一定就等同于产品的创新，其还需要对创新有着比较全面的管理，使得创新工作的开展更加合理。在CC公司的创新投入中，应结合客户的实际需求，想客户所想，急客户所急，在创新的过程中以客户为主要出发点，从而能够保证创新的产品成功被售卖出去，进而在市场上占有一定的份额。

法律法规：企业的发展不能够忽视国内相关法律法规的规定，对这些规定越了解，则越能够提高企业的风险防范能力。在相关的规定中，主要规定了企业在生产安全和环境方面的问题，安全的生产方式是企业一直以来所倡导的，这不仅仅是CC公司应重视的，其他大部分企业同样应引起重视。而要做到生产安全，最主要的就是多检查、多预防。环境方面则主要围绕着环境的保护工作，企业在生产过程中，需要对工业排放进行处理和限制，遵守绿色生产、无破坏生产的生产理念。

④确定内部流程层面指标。对于企业内部的流程而言，影响各个环节最主要的因素被称为关键因素，因此，在对企业的流程进行分析的过程中，需要熟知这些因素，在图3-11中将这些因素进行了一一列举。

```
                        提高企业收益
```

| 合作关系的建立 | 对生产流程的优化处理，从而提高产品质量和生产效率 | 实现成本最小化的控制 | 建立客户关系，实现高效优质的产品销售 | 及时性的服务理念 | 成本控制中的产品多样化 | 对事故的预防与环境的保护 |

- 最优质供应商的比例
- 原材料的不及格占比
- 原材料库存周转率

- 产品的及格率
- 生产过程中原材料的损耗率
- 生产综合效率

- 生产的均衡情况
- 生产计划达标情况

- 老客户保持率
- 人均销售额
- 客户投诉情况

- 企业服务的及时性

- 企业每年生产产品的数量
- 成本控制目标比值
- 项目的收益情况
- 项目达成情况

- 资源使用限定
- 生产事故数量
- 突发情况发生次数

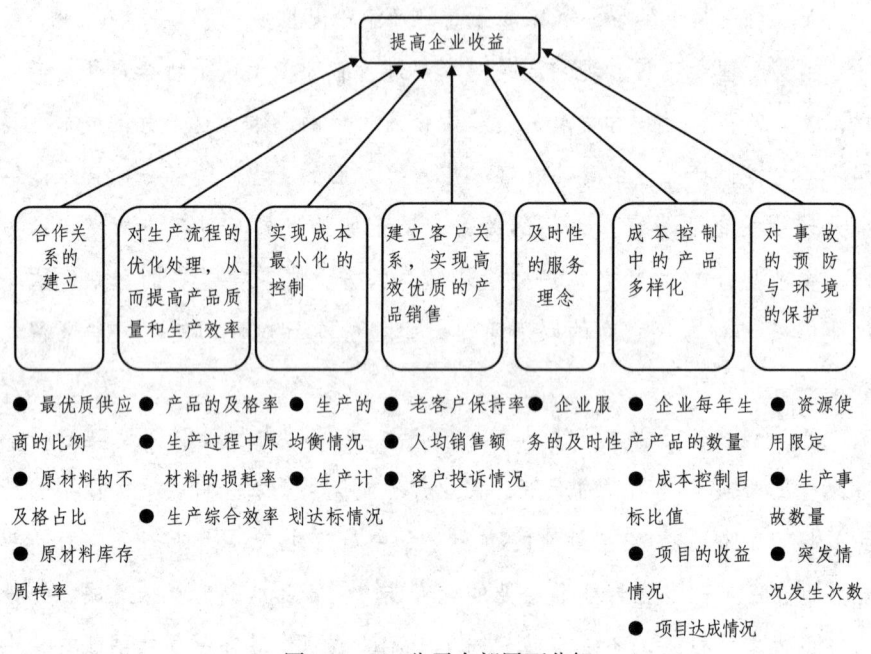

图3-11　CC公司内部层面分解

接下来，依据这些关键因素来确定内部流程层面的指标，如表3-17所示。

表3-17　CC公司内部层面指标

指标	详细说明	计量单位
合作关系的建立		
最优质供应商的比例	根据供应商所提供材料的质量来进行评级，可分为A、B、C三级，其中A为最高级	%
原材料的不及格占比	反映了供应商所提供原材料的不及格情况，是对供应商进行评估的主要因素之一	‰

续表

指标	详细说明	计量单位
原材料库存周转率	指在一定期间内原材料库存周转的速度。可用该时间段内原材料的出库总金额比原材料的平均库存金额	%
对生产流程的优化处理，从而提高产品质量和生产效率		
产品的及格率	反映生产产品的质量，是检查的合格产品数占总报检数的比例	%
生产过程中原材料的损耗率	反映制造过程的管理水平，是生产过程原材料的损耗量占总用量的比例	%
生产综合效率	反映生产效率，是各品种产品的总工时与标准工时比值的平均值	%
实现成本最小化的控制		
生产的均衡情况	反映企业产能利用的情况，主要是企业的当年实际产量与满负荷产能下产量的比值	%
生产计划达标情况	企业会制定一定期限内的生产目标，目标完成的情况是衡量企业生产能力的一个重要的因素	%
建立客户关系，实现高效优质的产品销售		
老客户保持率	反映客户忠诚度，本考核期与上考核期的交易额增加值与上个考核期的交易额比值	%
人均销售额	是对企业销售部门内的每个销售人员的工作质量进行衡量的标准	元/店年
客户投诉情况	是客户对产品和售前、售中和售后服务的不满意程度，可用客户投诉（索赔）次数的绝对值统计	次
及时性的服务理念		
企业服务的及时性	该指标是为客户提供及时的服务，包括产品到位的及时性、售后服务的及时性等	%
成本控制中的产品多样化		
企业每年生产产品的数量	该项指标是反映企业在一年内所生产产品的种类和数量，能够反映企业的生产能力	个
成本控制目标比值	该指标反映了企业生产新的产品所使用的成本与预期成本之间的比值	%
项目的收益情况	项目的收益状况是企业发展中常用的衡量手法，它能够反映企业在一段时期中投入后的回报情况	%
项目达成情况	项目的达成情况是指企业对既定项目的完成情况，也能够当作完成一个个小的目标，从而完成大的目标的情况	%

续表

指标	详细说明	计量单位
对事故的预防与环境的保护		
资源使用限定	该指标反映了对环境保护方面的工作标准,是每万元产值的能耗额占目标能耗额的比例	%
生产事故数量	意指在一定时期中,企业生产事故发生的情况,是对企业安全生产进行评价的一个重要的标准	次
突发情况发生次数	火情、火灾、飓风等突发情况发生并对企业造成一定的危害,使企业的利益受到损害的次数	次

⑤确定战略资产准备度相关指标。内部层面和学习与成长层面要根据企业的战略来进行确定,另外,还需要根据企业的定位和客户的实际需求来进行调整。在企业的学习和成长的层面上,需要对其战略的资产进行分析,战略资产在分析的过程中,能够分为企业人力资本、企业信息资本和企业组织资本三方面进行阐述。在进行分析时,主要是判断其是否能够适合企业发展所需的资本情况,而战略资本能够为企业提供可靠的资金。

人力资本:企业的组成离不开员工,其发展更需要员工的工作和配合。员工与企业的关系不仅仅是雇佣与被雇佣的关系,员工所掌握的知识、经验和技术等,都能够作为企业的人力资本,并将这部分的资本作为企业总资产中的一部分。在企业对人力管理的过程中,主要需要思考的是如何提高企业员工的技术和能力等,并使其能够转化为企业的资本,在实际生产中发挥作用。

信息资本:企业的信息资本主要包括企业在基础设施、技术和软件等方面的资本,它体现的是其在信息、技术共享方面的可行性,实现了信息和技术在不同部门之间的传递。信息资本是一种能够反映企业信息交流情况的重要资本。

组织资本:企业的组织资本包括企业的文化、领导能力、团队工作能力和协调能力等方面。企业的文化反映的是企业的价值观、目标等,企业的文化影响着企业的氛围,这也是企业特有的文化氛围。企业的领导能力主要表示的是企业领导者的领导能力,领导的作用是使企业员工信服其领导，能够更好地对战略、政策等方面的执行。企业的协调能力是一种能够保持企业各个部分、每位员工，甚至是企业与其他企业之间的良好关系，这在一定程度上也体现的是一种氛围。企业内部团队的工作能力是企业生产力的最主要的体现之一，企业在开展工作的过程中，大部分都需要多个工作人员的配合，这时，就需要比较强的团队工作能力。通过对这几个方面进行分析，能够看到，企业组织资本的作用能够对企业的发展产生比较大的影响，这方面的资产主要围绕的是企业的发展氛围。

通过对上述的几个资本进行分析，能够对CC公司提出相关的建议。CC公司可以结合这几个方面的内容，订立这样几个目标：第一，建设企业内部团队合作的氛围；第二，建设企业业务流程的信息共享；第三，技术和知识的共享。对目标确立后，还需要制订相关的指标，具体如图3-12所示。

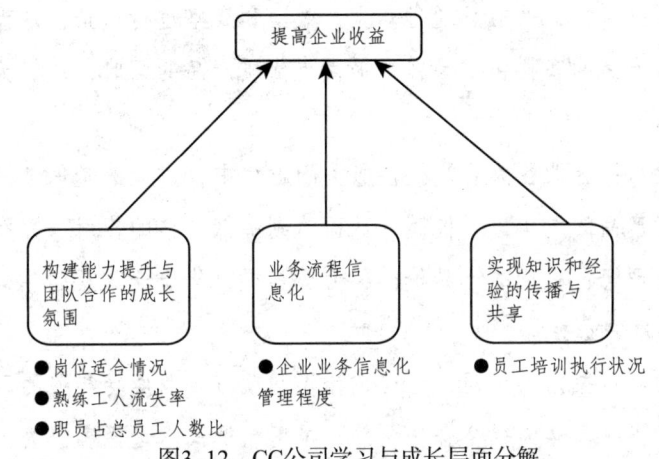

图3-12　CC公司学习与成长层面分解

依此分解学习与成长层面指标，见下表3-18所示。

表3-18　CC公司学习与成长层面指标

指标	详细说明	单位
岗位适合情况	指的是企业员工与其所担当岗位的适合的情况，主要考察的是员工的能力与岗位所需能力是否符合	%
熟练工人流失率	反映熟练工人的流失情况，是熟练工人在考核期的流失数占考核期的熟练工人总数的比例	%

续表

指标	详细说明	单位
职员占总员工人数比	反映职员和工人的数量比较情况，考察的是间接创造效益的职员数量是否在合适的水平	%
企业业务信息化管理程度	在业务的流程中引入信息技术，通过平台的搭建，为企业员工提供一个能够进行交流和共享信息的平台	%
员工培训执行状况	反映知识积累及共享的程度，是人均培训时数与目标值的比率	%

⑥完成公司战略地图的构建。根据CC公司的运营模式，能够分为几个步骤来进行分析，通过上述的几个环节，我们能够获得大量的CC公司的数据，并以这些数据为基础来绘制CC公司的战略地图。

在绘制CC公司的战略地图的时候，需要在地图上包括几乎二十个关键要素，具体如图3-13所示。

财务层面：CC公司将企业的收益作为主要的目标，以提高收益作为财务管理的最终目标，然后又通过对生产效率和战略进行修正，从而提高企业的营收和产品的多样化，为客户提供更优质产品的同时，能够为客户提供更多的选择。

客户层面：企业在为客户提供服务的过程中，讲究的是保证产品质量的同时，对产品的成本进行控制，从而达到降低价格的作用，并在战略中提出了三点理念：更低的产品价格；为客户提供优质产品及服务；提供多种类产品供客户选择。

内部层面：在内部层面，主要选择了几项与企业成功相关的因素，其中包括：将供应商作为战略合作伙伴；采用最低成本选择客户的价值；实现对成本的有效控制；为客户提供更加细致化的服务；注重对环境的保护等。这些指标和因素能够为企业在发展中提供更多的选择。

学习与成长层面：该层面是对企业的发展目标进行确定的层面，大部分的企业最终的建设目标都是为了能够拥有技术娴熟、能力充沛的员工队伍，从而为企业的蓬勃发展提供基础。CC公司会根据自己的特点展开对员工的培养工作。

第三章 绩效计划制订：绩效管理要有计划推行

```
财务层面
  生产率战略                          增长战略
         F1-提高企业收益
  F2-改善成    F3-提高资    F4-增加新    F5-提高客
  本结构       源利用率     品收入       户价值

客户层面
         及时性好、价格较低、质量有保证的产品
  C1-为客户提供    C2-为客户提供优质    C3-为客户提供
  低价产品         产品及服务           更多选择

内部层面
  P1-建立良好的供    P2-优化制造流程、提升    P3-优化资产利用，建
  应商伙伴关系       产品交付质量和效率       立成本最小化流程
  P4-建立客户关系，实现  P5-提供及时性  P6-在项目资本控制下提供  P7-对事故的预
  高效优质的产品销售     的服务理念     客户期望的多样化产品     防与环境的保护

学习与成长层面
         建立一支能力充沛、士气高昂、技术熟练的员工队伍
  L1-构建能力提升与   L2-业务流程   L3-实现知识和经
  团队合作的成长氛围   信息化        验的传播与共享
```

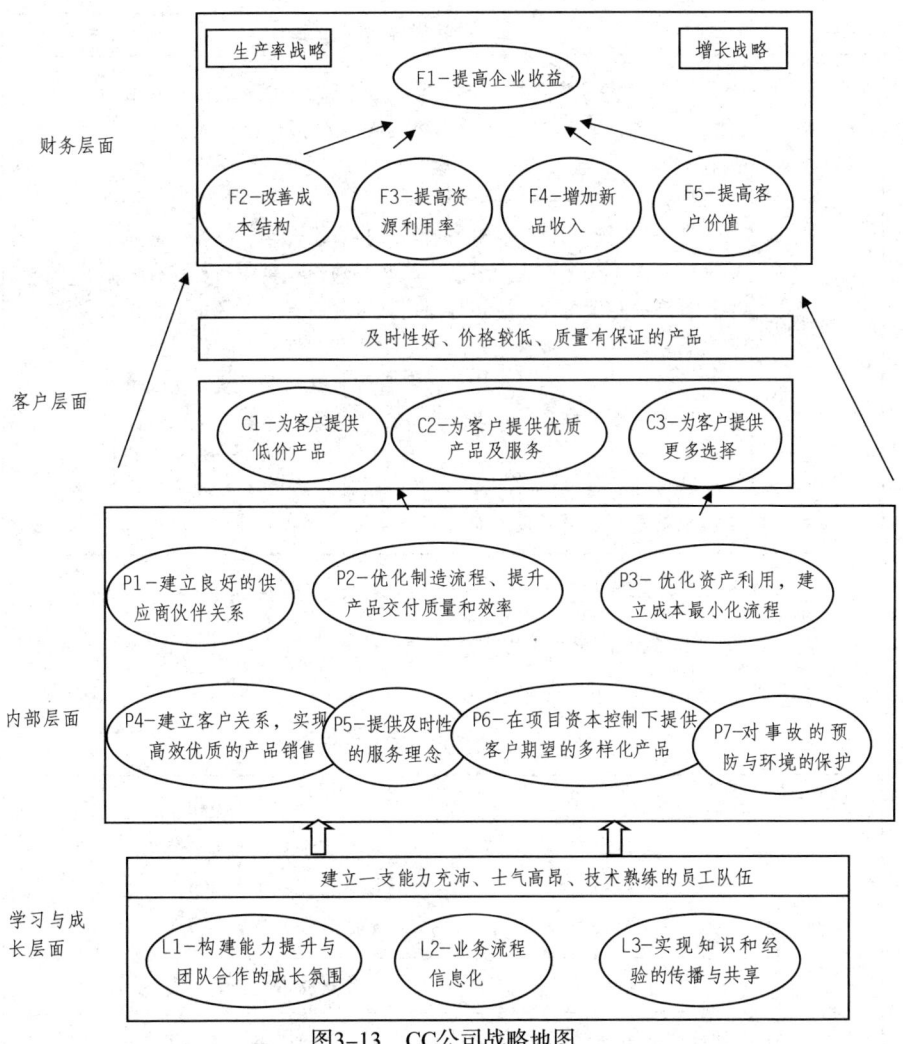

图3-13 CC公司战略地图

（2）编制公司级平衡计分卡和关键绩效指标。

在上文的阐述中，主要是围绕着企业的八个部门而提出的三十六个指标来进行的，其具体的分布如下表3-19所示。

表3-19 指标层面分布表

层面	相关指标	指标数量
财务层面	企业净利润；企业营收；企业售货量；企业成本控制降低数额；企业的成本率；企业新产品在市场占有比；企业客户发展成本	7

103

续表

层面	相关指标	指标数量
客户层面	产品销售价格与客户期望值差异；销售服务满意度；对售后服务的满意度；客户对产品质量的满意度；企业所提供的产品种类	5
内部层面	最优质供应商的比例；原材料的不及格占比；原材料库存周转率；产品的及格率；生产过程中原材料的损耗率；生产综合效率；生产的均衡情况；生产计划达标情况；老客户保持率；人均销售额；客户投诉情况；企业服务的及时性；企业每年生产产品数量；成本控制目标比值；项目的收益情况；项目达成情况；资源使用限定；生产事故数量；突发情况发生次数	19 运营：10 客户：2 创新：4 法规：3
学习与成长层面	岗位适合情况；熟练工人流失率；职员占总员工人数比；企业业务信息化管理程度；员工培训执行状况	5

从分布表中可以看出，指标符合总成本最低客户价值主张，但总指标数偏多。在经过对指标进行分析后，能够将其中的几个指标去掉。经过整理后的企业指标如表3-20所示。

表3-20 CC公司平衡计分卡

层面	目标	指标
财务层面	F1-提高企业收益	●企业净利润（亿元） ●企业营收（亿元） ●企业售货量（件）
	F2-改善成本结构	●企业成本控制降低数额（元）
	F3-提高资源利用率	●企业的成本率（%）
	F4-增加新品收入+	●企业新产品在市场占有比（%）
	F5-提高客户价值	●企业客户发展成本（元）
客户层面	C1-为客户提供低价产品	●产品销售价格与客户期望值差异（元）
	C2-为客户提供优质产品及服务	●销售服务满意度（分） ●售后服务满意度（分） ●客户对产品质量的满意度（分）
	C3-为客户提供更多选择	●企业所提供的产品种类（个）

续表

层面	目标	指标
内部层面	P1-建立良好的供应商伙伴关系	●最优质供应商的比例（%） ●原材料的不及格占比（%） ●原材料库存周转率（%）
内部层面	P2-优化制造流程，提升产品交付质量和效率	●产品的及格率（%） ●生产过程中原材料的损耗率（%） ●生产综合效率（%）
内部层面	P3-优化资产利用，建立成本最小化流程	●生产的均衡情况（%） ●生产计划达标情况（%）
内部层面	P4-建立客户关系，实现高效优质的产品销售	●老客户保持率（%） ●人均销售额（元/人·年） ●客户投诉情况（次）
内部层面	P5-提供及时性的服务理念	●企业服务的及时性（%）
内部层面	P6-在项目资本控制下提供客户期望的多样化产品	●企业每年生产产品数量（个） ●成本控制目标比值（%） ●项目达成情况（%）
内部层面	P7-对事故的预防与环境的保护	●资源使用限定（%） ●生产事故数量（次）
学习与成长层面	L1-构建能力提升与团队合作的成长氛围	●熟练工人流失率（%） ●职员占总员工人数比（%）
学习与成长层面	L2-业务流程信息化	●企业业务信息化管理程度（%）
学习与成长层面	L3-实现知识和经验的传播与共享	●员工培训执行状况（%）

完成表格的制作后，能够根据表格中的各项指标，建立相关的企业战略影响因素的统计表格，具体如下表3-21所示。

表3-21　CC公司战略绩效指标库

序号	指标名称	指标单位	计算方法	备注
1	企业净利润	亿元	营业收入-营业成本	
2	企业营业收入	亿元	全部产品销售收入	
3	企业售货量	件	全部产品销售数量	
4	企业成本控制降低数额	元	年降成本总额÷年产量	
5	企业的成本率	%	成本费用总额÷主营业务收入×100%	
6	企业新产品在市场占有比	%	新品销售数量÷竞品总销售数量×100%	

续表

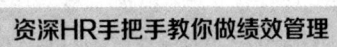

序号	指标名称	指标单位	计算方法	备注
7	企业客户发展成本	元	客户成本÷客户数量	
8	产品销售价格与客户期望值差异	元	产品售价−客户期望价格	
9	销售服务满意度	分	第三方评价分值	
10	售后服务满意度	分	第三方评价分值	
11	客户对产品质量的满意度	分	第三方评价分值	
12	企业所提供的产品种类	个	在产销售的产品系列总数	
13	最优质供应商的比例	%	A级供应商数÷全部供应商数×100%	
14	原材料的不及格占比	%	检验不合格数量÷全部供应品数量×100%	
15	原材料库存周转率	%	核心供应商数÷全部供应商数×100%	
16	产品的及格率	%	合格产品数÷报检总数×100%	
17	生产过程中原材料的损耗率	%	原材料损耗金额÷标准原材料金额×100%	
18	生产综合效率	%	标准总工时÷实际投入总工时×100%	
19	生产的均衡情况	%	年产量÷年设计产能×100%	
20	生产计划达标情况	%	∑每日完成该生产计划的百分比÷生产日数×100%	
21	老客户保持率	%	（内部库存+经销商库存）÷年销售数量×100%	
22	人均销售额	元/人·年	年销额÷销售员人数	
23	客户投诉情况	次	客户投诉（索赔）次数÷销售数量×100%	
24	企业服务的及时性	%	满意服务的次数÷总服务次数×100%	
25	企业每年生产产品数量	个	年投放新产品的个数	
26	成本控制目标比值	%	[1−（实际成本−目标成本）÷目标成本]×100%	
27	项目达成情况	%	计划完成节点数÷应完成计划节点数×100%	
28	资源使用限定	%	（能耗实际值−目标值）÷目标值×100%	

续表

序号	指标名称	指标单位	计算方法	备注
29	生产事故数量	次	实际发生重伤及以上的事故次数	
30	熟练工人流失率	%	熟练工人流失人数÷当月平均熟练工人数×100%	
31	职员占总员工人数比	%	当月职员人数÷当月总人数×100%	
32	企业业务信息化管理程度	%	信息化流程数÷总流程数×100%	
33	员工培训执行状况	%	人均培训总时数÷目标时数×100%	

通过上面的步骤，已经完成了CC公司绩效指标体系的建立。

（3）分解公司KPI至生产部。

在公司性绩效指标体系的基础上，对公司的关键绩效指标进行分解的时候，需要确保公司内部的所有部门都能够承担相应的责任，确保职责、责任分配到每一个员工。在完成企业的相关目标时，能够将大的目标分解成一个个小的目标，再将小目标分配至各个部门和个人。在分配目标的同时，需要根据目标的指标和因素，分配到相关的部门。要注意指标和部门的相关性，不能将与部门无关的指标分配到该部门。

分解公司级关键绩效指标到部门，可利用《绩效指标分解矩阵表》，明细如表3-22所示。

表3-22 绩效指标分解矩阵表

BSC视角	关键成功要素	序号	指标名称	生产部承接程度	生产部的对应KPI
财务	F1-提高企业收益	1	企业净利润	○	部门费用预算执行率
		2	企业营收	△	
		3	企业售货量	△	
	F2-改善成本结构	4	企业成本控制降低数额	△	
	F3-提高资源利用率	5	企业的成本率	△	
	F4-增加新品收入	6	企业新产品在市场占有比	△	
	F5-提高客户价值	7	企业客户发展成本	△	

续表

BSC视角	关键成功要素	序号	指标名称	生产部承接程度	生产部的对应KPI
客户	C1-为客户提供低价产品	8	产品销售价格与客户期望值差异	△	
	C2-为客户提供优质产品及服务	9	销售服务满意度	△	
		10	售后服务满意度	△	
		11	客户对产品质量的满意度	○	质量管理体系审核的严重不符合项数量
	C3-为客户提供更多选择	12	企业所提供的产品种类	△	
内部流程	P1-建立良好的供应商伙伴关系	13	最优质供应商的比例	△	
		14	原材料的及格率占比	△	
		15	原材料库存周转率	△	
	P2-优化制造流程，提升产品交付质量和效率	16	产品的及格率	●	产品的及格率
		17	生产过程中原材料的损耗率	●	生产过程中原材料的损耗率
		18	生产综合效率	●	生产综合效率
	P3-优化资产利用，建立成本最小化流程	19	生产的均衡情况	○	生产计划达标情况
		20	生产计划达标情况	●	
	P4-建立客户关系，实现高效优质的产品销售	21	老客户保持率	△	
		22	人均销售额	△	
		23	客户投诉情况	△	
	P5-提供及时性的服务理念	24	企业服务的及时性	△	
	P6-在项目资本控制下提供客户期望的多样化产品	25	企业每年生产产品数量	△	
		26	成本控制目标比值	△	
		27	项目达成情况	△	
	P7-对事故的预防与环境的保护	28	资源使用限定	●	资源使用限定
		29	生产事故数量	●	生产事故数量

续表

BSC视角	关键成功要素	序号	指标名称	生产部承接程度	生产部的对应KPI
学习与成长	L1-构建能力提升与团队合作的成长氛围	30	熟练工人流失率	○	熟练工人流失率
		31	职员占总员工人数比	△	
	L2-业务流程信息化	32	企业业务信息化管理程度	△	
	L3-实现知识和经验的传播与共享	33	员工培训执行状况	●	员工培训执行状况

注：●代表生产部门与该项指标直接相关，而○则表示生产部门与该项指标间接相关，△表示生产部门与该项指标的关系不大。

经过上述步骤的公司指标分解与整理，最终形成生产部的关键绩效指标库。如表3-23所示。

表3-23　CC公司生产部关键绩效指标库

BSC视角	公司关键成功要素	序号	生产部KPI名称	计算公式	单位	考核周期
财务	F1-提高企业收益	1	部门费用预算执行率	100%-（实际费用-预算费用）÷预算费用×100%	%	月度
客户	C2-为客户提供优质产品及服务	2	质量管理体系审核的严重不符合项	客户审计出的严重不符合项个数总和	个	月度
内部流程	P2-优化制造流程，提升产品交付质量和效率	3	产品的及格率	合格产品数÷报检总数×100%	%	月度
		4	生产过程中原材料的损耗率	原材料损耗金额÷标准原材料金额×100%	%	月度
		5	生产综合效率	标准总工时÷实际投入总工时×100%	%	月度
		6	生产计划达标情况	Σ每日完成该生产计划的百分比÷生产日数×100%	%	月度
	P7-对事故的预防与环境的保护	7	资源使用限定	（能耗实际值-目标值）÷目标值×100%	%	月度
		8	生产事故数量	实际发生重伤及以上的事故次数	次	月度

续表

BSC视角	公司关键成功要素	序号	生产部KPI名称	计算公式	单位	考核周期
学习与成长	L1-构建能力提升与团队合作的成长氛围	9	熟练工人流失率	熟练工人流失人数÷当月平均熟练工人数×100%	%	月度
	L3-实现知识和经验的传播与共享	10	员工培训执行状况	人均培训总时数÷目标时数×100%	小时	月度

（4）生产部关键绩效指标的有效性测试。

根据关键绩效指标的特点和关键绩效指标中的 SMART 原则，对提炼出来的绩效指标进行 8 个方面的测试，经过全方位测试后，满足所用限定条件的指标即可作为该企业绩效考评最终指标，以备后续指标体系的构建所用。测试内容如表3-24所示。

表3-24　绩效指标测试内容表

测试名称	测试内容
一致性测试	测试该指标是否能与部门某个特定的战略目标相联系
可控性测试	测试该指标的结果是否有直接的责任归属，能否被岗位任职者控制
可行性测试	测试该项行动的可行性，主要通过模拟实施来确定
稳定性测试	测试行动的稳定性和可靠性，主要对其中的数据和数据处理方法进行测试
计算方法测试	测试该行动中涉及的公式是否能够进行统计，为数据的处理提供可靠的方法
可理解性测试	测试该指标是否能被简单明了地交流
经济性测试	测试获取数据的成本是否高于其带来的价值
协调性测试	测试指标之间是否会有冲突或重复

测试过程如表 3-25 所示。

表3-25 CC公司生产部的关键绩效指标测试表

序号	生产部KPI	一致性测试	可控性测试	可行性测试	稳定性测试	计算方法测试	可理解性测试	经济性测试	协调性测试
1	部门费用预算执行率	通过	通过	通过	通过	通过	通过	通过	通过
2	质量管理体系审核的严重不符合项	通过	通过	通过	通过	通过	通过	通过	通过
3	产品的及格率	通过	通过	通过	通过	通过	通过	通过	通过
4	生产过程中原材料的损耗率	通过	通过	通过	通过	通过	通过	通过	通过
5	生产综合效率	通过	通过	通过	通过	通过	通过	通过	通过
6	生产计划达标情况	通过	通过	通过	通过	通过	通过	通过	通过
7	资源使用限定	通过	通过	通过	通过	通过	通过	通过	通过
8	生产事故数量	通过	通过	通过	通过	通过	通过	通过	通过
9	熟练工人流失率	通过	通过	通过	通过	通过	通过	通过	通过
10	员工培训执行状况	通过	通过	通过	通过	通过	通过	通过	通过

结果表明，CC公司生产部的关键绩效指标全部通过测试。

（5）生产部 KPI 的权重分配。

权重是统计学中常用的一个统计分配的方法，它能够将统计中所涉及的各个指标进行权重比的分配，从而更加直观地将统计数据显示出来，方便数据使用者直接利用这些数据。

权重分配的过程中，最重要的是对指标中的权重进行分配，而企业在进行权重的分配时需要遵循以下几个原则：

●权重的分配必须突出企业的战略目标。

●权重的分配必须突出企业工作的重点。

●权重的分配必须以企业的总目标为中心。

●权重的分配必须是公平、公正的，并能够与绩效结合，进行全面的考量。

●权重的分配必须是持续的分配，它还能够在分配中结合其他的方法来共同完成分配。

①层次分析法介绍。

在20世纪70年代，国外学者根据定量和定性的原则，并通过两者的结合组成了层次分析的方法。层次分析是能够将系统分为层次化，然后进行分析的方法。在操作的过程中，首先需要建立相关的模型，其次根据模型构建矩阵对权重的权值进行确定，最后是将求出来的权值结合实际的方案来进行选择，具体的操作步骤如下所示：

步骤一：层次模型的建立。

在建立层次模型时，需要将与模型相关的所有因素分为几个部分，通常会分为上中下三层，其中，上层为目标层、中层是指标层，而下层则是方案层。

步骤二：矩阵的构造。

根据上面所构建的模型，能够得到矩阵$A=(a_{ij})_{n \times n}$，在矩阵中的a_{ij}是由u_i和u_j共同的原则，而该原则是矩阵中任何一个元素都需要满足的。其具体条件如下：$a_{ij}>0$；$a_{ii}=1$；$a_{ij}=1 \div a_{ji}$。在矩阵的建立过程中，通常会采用元素之间相互比较的方法，具体如表3-26所示。

表3-26 判断矩阵标度及其相应的含义

标度a_{ij}	相应的含义
1	表示经过比较，第i因素和第j因素有着同样的重要性
3	表示经过比较，第i因素比第j因素有着较高的重要性
5	表示经过比较，第i因素比第j因素的重要性很明显
7	表示经过比较，第i因素明显比第j因素的重要性高出很多
9	表示经过比较，第i因素比第j因素的重要性极大

续表

标度 a_{ij}	相应的含义
1~9的偶数	表示经过比较，第i因素比第j因素重要性介于相邻判断之间
1/3	表示经过比较，第i因素比第j因素不太重要
1/5	表示经过比较，第i因素比第j因素不重要
1/7	表示经过比较，第i因素比第j因素很不重要
1/9	表示经过比较，第i因素比第j因素极不重要

步骤三：矩阵一致性的检验。

根据上述公式，能够得到矩阵 λ_{max} 和 W，其中的 λ_{max} 为矩阵中的最大特征值，而 W 则是矩阵中的分量所占的权重比值。

$$AW = \lambda_{max} W \quad (3-1)$$

与矩阵特征量和特征值相关的方法有很多，常见的方法是方根法、和积法，在本案例的计算中，主要使用和积法来完成计算，具体的步骤如下：

第一步，利用下述公式将矩阵按照列进行规格化处理：

$$a'_{ij} = \frac{a_{ij}}{\sum_{j=1}^{n} a_{ij}}, i,j = 1,2\cdots,n \quad (3-2)$$

第二步，经过第一步处理后，利用下述公式将矩阵按照行进行规格化处理：

$$w'_i = \sum_{j=1}^{n} a'_{ij}, i,j = 1,2,...,n \quad (3-3)$$

假设向量为：$W' = [w'_1, w'_2, \cdots, w'_n]T$

第三步，把 W' 进行规格化的处理：

$$w_i = \frac{w'_i}{\sum_{k=1}^{n} w'_k}, i,k = 1,2,...,n \quad (3-4)$$

并将规格化后的 $W = [w_1, w_2, \cdots, w_n]T$ 记为矩阵的特征向量值。

第四步，通过计算获得矩阵最大的特征值：

$$\lambda_{max} = \sum_{i=1}^{n} \frac{(AW)_i}{nw_i} \quad (3-5)$$

在上述的公式中，$(AW)_i$是用来对A矩阵和W向量之间乘积的第i项分量进行判断的参数。

对矩阵的一致性分析，也能够通过下式来进行。

$$CI = \frac{\lambda_{max} - n}{n-1} \qquad (3-6)$$

利用随机、平均的方法来对RI指标进行检验，从而能够判断其能否满足矩阵计算中所要求的一致性和随机性的原则。

表3-27 平均随机一致性指标

n	1	2	3	4	5	6	7	8	9
RI	0	0	0.58	0.9	1.12	1.14	1.32	1.41	1.45

根据CI和RI的数值，能够得到计算一致性的公式，如下所示：

$$CR = \frac{CI}{RI} \qquad (3-7)$$

当公式中的CR<0.1时，这说明矩阵能够满足一致性的原则，反之则需要重新修正矩阵。

步骤四：对层次模型一致性的检验。

层次的排序是按照从上至下的层次分明的排列，因此，需要对其进行一致性的检验，检验时，需要假设在A层中有m个要素，这就能够将单层排序的元素假设为a_1，a_2，$\cdots a_m$，并假设其下一层B层中包含了n个要素，也就是说，B层元素对A_j的层次单排序结果为b_1，b_2，$\cdots b_n$，则B层能够通过以下公式来得到：

$$CR = \frac{\sum_{j=1}^{m} a_j CI_j}{\sum_{j=1}^{m} a_j RI_j} \qquad (3-8)$$

其中，CI_j表示的是A层中的元素在B层中对应元素之间指标一致性的判断；RI_j表示的是A层中的元素在B层中平均随机性之间指标一致性的判断。

与上述的一样，当CR的值大于0.1时，则说明该层在总的排序上有着一致性。

②利用层次分析法分配权重。根据上述层次分析法的步骤，现对CC公司生产部的KPI进行权重的分配。

首先，要将需要进行考核的元素和指标进行标记，并将其进行分层。如表3-28所示。

表3-28　CC公司生产部考核要素和指标标记分层表

一级指标		二级指标	
名称	标记	名称	标记
财务（F）	t_1	部门费用预算执行率	t_{11}
客户（C）	t_2	质量管理体系审核的严重不符合项	t_{21}
内部流程（P）	t_3	产品的及格率	t_{31}
		生产过程中原材料的损耗率	t_{32}
		生产综合效率	t_{33}
		生产计划达标情况	t_{34}
		资源使用限定	t_{35}
		生产事故数量	t_{36}
学习与成长（L）	t_4	熟练工人流失率	t_{41}
		员工培训执行状况	t_{42}

所构造的判断矩阵如表3-29所示。

表3-29　判断矩阵A数值表

A	t_1	t_2	t_3	t_4	w	指标
t_1	1	1/2	1/9	1/3	0.0635	λ_{max}=4.03
t_2	2	1	1/5	1/2	0.1162	c_1=0.008
t_3	9	5	1	4	0.6286	RI=0.9
t_4	3	2	1/4	1	0.1917	CR=0.0093<0.10

按照公式（3-2）计算，得到规格化后的判断矩阵：

$$\begin{bmatrix} 0.07 & 0.06 & 0.07 & 0.06 \\ 0.13 & 0.12 & 0.13 & 0.09 \\ 0.60 & 0.59 & 0.64 & 0.69 \\ 0.20 & 0.24 & 0.16 & 0.17 \end{bmatrix}$$

按照公式（3-3），将各行相加，得：

$$\begin{bmatrix} w'_1 = 0.25 \\ w'_2 = 0.46 \\ w'_3 = 2.51 \\ w'_4 = 0.77 \end{bmatrix}$$

按照公式（3-4）将向量 $w' = [0.25\ 0.46\ 2.51\ 0.77]^T$ 规格化，得：

$$\begin{bmatrix} w_1 = 0.06 \\ w_2 = 0.12 \\ w_3 = 0.63 \\ w_4 = 0.19 \end{bmatrix}$$

则所求特征向量：

$$W = [0.06\ 0.12\ 0.63\ 0.19]^T$$

利用公式（3-5）对最大特征根进行计算：

$$AW = \begin{bmatrix} 1 & 1/2 & 1/9 & 1/3 \\ 2 & 1 & 1/5 & 1/2 \\ 9 & 5 & 1 & 4 \\ 3 & 2 & 1/4 & 1 \end{bmatrix} \begin{bmatrix} 0.06 \\ 0.12 \\ 0.63 \\ 0.19 \end{bmatrix}$$

$$\begin{bmatrix} (AW)_1 = 0.26 \\ (AW)_2 = 0.46 \\ (AW)_3 = 2.55 \\ (AW)_4 = 0.77 \end{bmatrix}$$

$$\lambda_{max} = \sum_{i=1}^{n} \frac{(AW)_i}{nw_i} = 4.03$$

利用公式（3-6）、（3-7）进行一致性检验：

$$CI = \frac{\lambda_{max} - n}{n-1} = 0.008$$

查表得 $RI = 0.9$

$$CR = \frac{CI}{RI} = 0.009 < 0.10$$

由上式所得到的结果能够看出，矩阵具有比较好的一致性

同理，对其他矩阵进行处理，得到的结果如表3-30所示。

表3-30　判断矩阵 t_{31}-t_{36} 数值表

	t_{31}	t_{32}	t_{33}	t_{34}	t_{35}	t_{36}	w	指标
t_{31}	1	1	1	1	1	2	0.206	λ_{max}=6.2438
t_{32}	1	1	1	1/2	1	2	0.176	CI=0.0488
t_{33}	1	1	2	1	1	3	0.258	RI=1.24
t_{34}	1	1	1	1	1	2	0.206	CR=0.0393<0.10
t_{35}	1/2	1/2	1/3	1/2	1	1/2	0.082	
t_{36}	1/4	1/3	1/5	1/4	2	1	0.073	

根据公式的要求，得到 CR 值为 0.0393，由此能够判断层次的总排序具有一致性。

通过上述分析，能够判断，在对生产部门进行绩效考核时，一级指标中，"内部流程"的重要性最强，其他三项差异较小；在"内部流程"的二级指标中，"生产综合效率"最重要，"产品的及格率"与"生产计划达标情况"较为重要且得分一致。

最终，计算得出权重分布：如表3-31所示。

表3-31　CC公司生产部KPI权重分布表

标记	指标名称	t_1 0.0635	t_2 0.1162	t_3 0.6286	t_4 0.1917	权重
t_{11}	部门费用预算执行率	1				6%
t_{21}	质量管理体系审核的严重不符合项		1			12%
t_{31}	产品的及格率			0.206		13%
t_{32}	生产过程中原材料的损耗率			0.176		11%
t_{33}	生产综合效率			0.258		16%
t_{34}	生产计划达标情况			0.206		13%
t_{35}	资源使用限定			0.082		5%
t_{36}	生产事故数量			0.073		5%
t_{41}	熟练工人流失率				0.67	13%
t_{42}	员工培训执行状况				0.33	6%
	合计					100%

（6）确定KPI的考核方法。

本文所指的考核方法是每个KPI的考核方法。CC公司生产部的KPI全是定量的，分别用百分比和具体的数据表示。由此可见，在我们通过对指标进行分析后，决定采用非此即彼的方法来对其进行分析。

①非此即彼法。指KPI的结果只有两种强制性的可能：也就是完成和没完成，没有其他结果，因此，评价也只有满分和零分两种，这是一种笼统、直接的考核方式。虽然这种方法的结果是单一的，不能全面对目标和任务进行更加详细的分析，但适合处理一些特定指标。

②百分比率法。百分比率是一种对指标进行定量考核的方法，根据比率来对成绩进行绩效考核。本方法适用范围较广。

（7）确定生产部KPI的评分标准。

各个指标的数值代表了不同的特性，为了能够对数据进行比较，将数据经过一系列的处理使其能够被用来进行比较，这种处理就是无量纲化处理。在对数据进行无量纲化处理的过程，是将单一不可比较的目标转变为可比较的目标，便于目标之间的比较，目前该方法也被用于数据转换的过程中。本文采用的是无量纲化的功效系数法,也就是功效函数法,这是一种能够对目标的原理进行规划,将每一项的指标进行确定,从而得到一个满意值,并将满意值作为评价上限,不允许值作为评价的下限。

①正比例分析,在该分析中,若指标值越大,则代表效果越好,具体公式如下:

$$Y_i' = \frac{Y_i - Y_i^{\min}}{Y_i^{\max} - Y_i^{\min}} \quad (3-9)$$

②反比例指标,在该分析中,若指标值越小,则代表效果越好,具体公式如下:

$$Y_i' = \frac{Y_i^{\max} - Y_i}{Y_i^{\max} - Y_i^{\min}} \quad (3-10)$$

在上式中,Y_i是企业的第i个原始数据;而Y_i'则是这个数据经过无量纲化处理后的数据;$Y_i^{\max}$、$Y_i^{\min}$是指第i个指标的满意值和不允许值。无量纲化以后,所有的评价的指标都能够变为正指标,并将取值的范围定义在[0,1]之间,这能够为不同的指标提供直观的可比较性。

(8)确定生产部KPI的目标值。

企业的指标值是评价指标的重点标准之一,一般分为以下几个类型:

①历史标准。历史标准又称为经验标准,这是一种能够按照过往的历史来对现有的情况进行评价的方法。在利用历史标准评价的过程中,采用的是最优的判断方法,这种方法具有比较强的排他性,一般企业都会采用历史标准来完成企业自评的环节。

②外部标准。企业除了要对自身进行自评之外,还需要借助外部的标准来完成评价,这样能够保证评价的完整性。外部标准是以企业为样本,经过评价方法的确定,通过测试得到相应的参数,最终得到其平均值。

③经验数据标准。经验数据标准是企业在发展的过程中,记录大量的数据,而这些数据能够反映企业最真实的发展情况,因此能够作为比较有效的评价标准。

④计划(预算)标准。计划是企业根据以往发展的规律而制订的短期或长期的计划,在制订计划的过程中,容易受到人为经验的影响而导致计

划的制订具有一定的人为因素。

在本文的研究中，会根据企业情况的不同而采取不同的方法。

（9）确定生产部KPI的考核周期。

企业的绩效考核往往是一项定期的工作，一般有月度、季度和年度等考核方式。考核周期过短，会增加考核成本；考核周期过长，会导致绩效考核的准确性降低，且不利于绩效改善，拉长了PDCA循环的周期。CC公司结合指标的性质和自身特性，最终确定的考核周期为月度考核。

（10）形成CC公司生产部关键绩效指标体系。

经过和高管的讨论及前期的KPI分解、权重分解，最后确定的生产部的关键绩效指标体系，如表3-32所示。

（11）生产部关键绩效指标体系的运行保障措施。

CC公司关键绩效指标体系优化后能否顺利实施，还需要一些条件作为保障。主要包括以下几点：经营班子的支持、营造激励创新的企业文化、准确的信息收集、良好的绩效沟通、充分利用绩效考核结果。

①经营班子的支持。生产部的关键绩效指标来源于对公司关键绩效指标的分解，而公司关键绩效指标又来源于公司战略目标，战略目标是基于公司的战略分析。因此，CC公司生产部绩效考核指标的制定过程比较复杂，需要经营班子给予充分的重视和支持。

②营造激励、创新的企业文化。企业文化是战略的重要组成部分，对实施绩效指标体系有着非常重要的影响。CC公司为应对未来发展和适应战略的需要，应积极营造一种激励、创新的企业文化，引导大家积极正确地认识关键绩效指标体系的来源和分解过程，从而正确地认识考核所带来的激励和导向作用。

③准确的信息收集。如表3-32所示。

关键绩效指标在实行的过程中，要有比较多的数据来进行支持，如指标的原始数据统计和获取、绩效评价结果的计算统计、绩效评价资料的保存等。在此过程中，尤其是原始数据的统计和获取环节，若是处理不当，

表3-32 CC公司生产部关键绩效指标体系

维度	序号	KPI名称	计算公式	评分标准	单位	权重	满意值	不允许值	考核周期	数据来源部门
财务（F）	1	部门费用预算执行率	100%-（实际费用-预算费用）÷预算费用×100%	100×（实际值-不允许值）÷（满意值-不允许值）	%	6%	100%	60%	月度	财务部
客户（C）	2	质量管理体系审核的严重不符合项	客户审计出的严重不符合项个数总和	出现即为0分	个	12%	0个	0个	月度	系统建设部
内部流程（P）	3	产品的及格率	合格产品数÷报检总数×100%	100×（实际值-不允许值）÷（满意值-不允许值）	%	13%	99%	80%	月度	品控部
	4	生产过程中原材料的损耗率	原材料损耗金额÷标准原材料金额×100%	100×（不允许值-实际值）÷（满意值-不允许值）	%	11%	1%	3%	月度	PMC部
	5	生产综合效率	标准工时÷实际投入总工时×100%	100×（实际值-不允许值）÷（满意值-不允许值）	%	16%	92%	80%	月度	PMC部
	6	生产计划达标情况	Σ每日完成该生产计划的百分比÷生产日数×100%	100×（实际值-不允许值）÷（满意值-不允许值）	%	13%	99%	85%	月度	PMC部
	7	资源使用限定（能耗实际值÷目标值×100%）	100×（不允许值-实际值）÷（满意值-不允许值）	%	5%	0%	10%	月度	PIE部
	8	生产事故数量	实际发生及以上的事故次数	出现即为0分	次	5%	0次	0次	月度	行政人事部
学习与成长（L）	9	熟练工人流失率	熟练工人流失人数÷平均熟练工人数×100%	100×（不允许值-实际值）÷（满意值-不允许值）	%	13%	2%	10%	月度	行政人事部
	10	员工培训执行状况	人均培训总时数÷目标时数×100%	100×（实际值-不允许值）÷（满意值-不允许值）	小时	6%	100%	80%	月度	行政人事部

容易引起各方猜疑，最终降低考核效果。

④良好的绩效沟通。在制定考核目标时，经营班子同生产部的管理人员应进行充分的沟通，并商议制定合理的目标。在考核过程中，经营班子与生产部应多沟通改善过程、定期组织会议，既有利于完成任务绩效也有利于完成关系绩效。在评价结果的沟通时，经营班子应积极和生产部沟通改善措施和方案并给予支持。

⑤充分利用绩效考核结果。考核结果定稿后，应积极将其应用于生产部的部门奖金核算、组织能力培训、生产部干部的选拔上。这样既能促使被考核部门对考核有更加深刻的认识和加大后续的努力，也能放大考核本身的激励作用。

3. 关键绩效指标体系优化前后比较

CC公司生产部部门级关键绩效指标体系较之前的指标体系相比，有以下变化和优点：

（1）考核指标更加系统化。

更加适合"粗放型管理"向"精细化管理"的转变。变化的指标如表3-33所示。

表3-33　考核指标更新前后对比表

序号	原指标	更新后新指标	更新内容	更新原因
1	无	部门费用预算执行率	增加新指标	引导生产部在开展工作的同时关注本部门的财务事宜，匹配公司精细化管理的要求
2	无	质量管理体系审核的严重不符合项	增加新指标	要求生产部重视公司长远发展，重视客户审核和认证等公司策略的开展
3	产品的及格率	产品的及格率	从97%提升至99%	提升产品质量
4	报废率	生产过程中原材料的损耗率	统计范围由"生产报废品金额"更新为"原材料损耗金额"	原公式中，生产报废品金额包含了人工成本，但分母却仍是标准原材料金额，统计口径不一致。更新后的指标中，分子分母均是以原材料的金额作为统计口径

续表

序号	原指标	更新后新指标	更新内容	更新原因
5	生产综合效率	生产综合效率	从90%提升至92%	提升效率
6	无	生产计划达标情况	增加新指标	引导生产部服从公司PMC部的统一调配，更好地配合研发部试产和销售订单部的急单
7	无	资源使用限定	增加新指标	引导生产部节约能源、控制成本，也是为了满足环境质量管理体系的要求
8	无	生产事故数量	增加新指标	引导生产部重视安全问题
9	无	熟练工人流失率	增加新指标	引导生产部从人的角度来提升产品的及格率、综合效率和降低原材料的损耗率
10	无	员工培训执行状况	增加新指标	引导生产部重视员工的培训，从而间接地提升产品的及格率、综合效率和降低原材料的损耗率

（2）更新了评分标准，使之更加科学化。

将评分标准进行了无量纲化处理，同时设置了目标的满意值和不允许值。

（3）更加科学合理地规划各指标权重。

利用层次分析法更加严谨地制定了各KPI的权重，使各权重的分布更科学。

（4）缩短了考核周期，更匹配管理需求。

将考核周期从"季度"缩短为"月度"，能更加强化考核的效果。

关键绩效指标体系优化后，CC公司将会用10个指标从不同角度牵引生产部的绩效方向，使其匹配公司发展战略，满足"大批量生产、增强竞争力和获得更多订单"的策略任务要求，全力支撑公司去实现"三年内，营收每年增长20%，获利每年增长15%"的战略目标。

第四章
绩效实施准备与保障：从战略解码到绩效落地

在企业中，绩效管理是连接企业目标与个人目标的纽带。因此，绩效管理越来越受到企业管理者的重视。在实际操作过程中，即便再好的绩效管理制度，也往往会受到各种各样的阻碍，导致绩效管理难以落地。绩效管理由计划、实施、评估、反馈四个部分组成。好的绩效管理计划，还需要好的实施，才能保证企业战略更好落地。

第一节 实施准备：不做"无头苍蝇"

绩效考核好比是一注化学剂，能够将"死水变为活水，活水变为沸水"。做好绩效管理，重点就是要做好绩效管理的执行工作。对于企业员工来讲，绩效考核无异于企业内部竞赛，成绩好的人欢呼雀跃，成绩不好的人为之忧愁。对于管理人员来讲，无论如何，首先要做好绩效管理实施准备，否则只能像"无头苍蝇"一样，在实施绩效管理的过程中毫无头绪，失败便会随之而来。

在实施绩效管理的过程中，管理人员需要做好的准备包括组建团队、周期设定、绩效辅导。

一、组建团队：专业人做专业事

组建团队是绩效管理实施前期的一个重要准备工作。任何管理制度的推进，不可能由某一个人单独来完成。没有完美的个人，只有完美的团队。只有组织全员共同"谋事"，才能高效"成事"。

这就好比我们耳熟能详的《西游记》一样。我们可以将唐僧、孙悟空、猪八戒、沙僧四人组建的团队，视为去西天取经的公司。在这个公司中，唐僧是主要负责人，决定取经的行程，也是战略目标的决策者，可以看作公司的董事长；孙悟空则是战略的主要执行者，可以看作公司的CEO；猪八戒是公司的中层管理者；沙僧是公司的行政人员。这是一个非常成功的团队。团队中的成员目标一致，优势互补，智者出谋划策、劳者执行有力，相互协作、扶持和配合，这是他们成功的关键。

实施绩效管理，同样离不开优秀团队的组建。这是启动绩效考核的首要环节。无规矩不成团队，无团队难成大事。组建企业绩效考核团队，是实施绩效考核的第一步。但组建绩效考核团队，需要做好以下两个方面。

1. 明确企业绩效考核推行委员会组织架构

一个完整的团队，是由完美的组织架构组成的。但绩效考核推行组织架构与企业组织架构是有区别的，如图 4-1、图 4-2 所示。

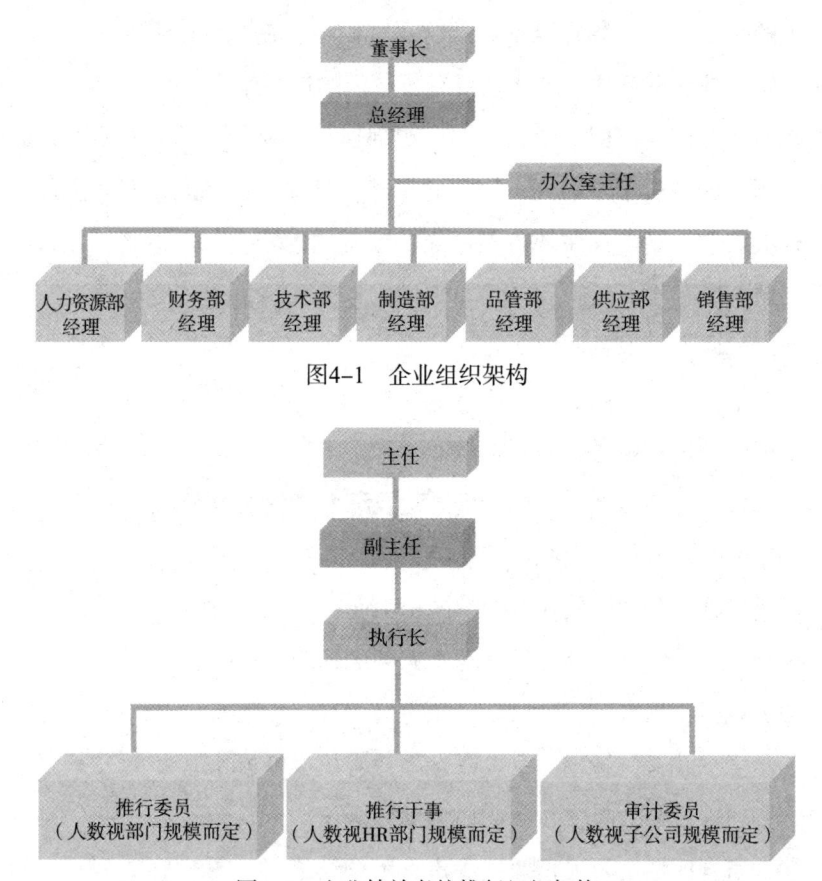

图4-1 企业组织架构

图4-2 企业绩效考核推行组织架构

企业的绩效考核推行的组织，可以以委员会制的形式来构建。其中，委员会主任由企业董事长担任；副主任由总经理担任；人力资源部作为绩效考核推行部门，是绩效考核组织中的实际责任部门。人力资源部主任，既扮演着组织者的角色，也扮演着执行长的角色。

在企业绩效考核推行组织架构中，推行委员一般是各部门副总或经理；

推行干事通常是人力资源部成员，以及各部门管理人员；审计委员通常是办公室主任或董事长、总经理，必要的时候，可以由审计部门或财务部门的负责人担任。

2. 明确绩效考核团队成员的职责权限

企业有规章制度，企业里的每一个岗位都有职责权限。绩效考核推行组织中的每位成员，同样也有自己的职责权限。在职责权限的基础上，每位成员做事都自有章法，考核也就有了一定的依据。

在绩效考核推行团队中，人力资源部作为主要负责绩效考核推行的部门，该部门成员属于专职人员，除此之外，其他成员都属于兼职人员。因此，这些兼职人员的岗位职责与原岗位职责的内容会有所不同，在管理的权限问题上也有所不同。

其岗位职责权限具体如下：

（1）主任、副主任职责。

①负责公司绩效考核的顶层设计工作。

②负责审批公司绩效考核管理办法及绩效考核KPI标准。

③负责审批公司管理职级绩效考核结果及绩效工资。

④负责公司绩效考核在各部门的全面实施。

⑤解决公司绩效考核推行过程中遇到的问题。

（2）执行长职责。

①起草绩效考核管理办法，制定绩效考核KPI标准。

②按期进行绩效考核，组织协调绩效会议。

③收集、评估绩效考核数据，审查考核结果。

④评估结果分析与改进方案，组织检查各部门绩效考核面谈。

⑤负责绩效考核的宣传与培训。

（3）推行委员会职责。

①负责监督绩效考核各项工作的落地。

②负责评估绩效考核过程中各考核专员的推动成效。

③负责监督各考核部门是否有效推动绩效考核。

④负责提交绩效考核过程中出现的不合理 KPI 指标标准的调整报告。

（4）推行干事职责。

①负责制订公司绩效考核计划。

②负责公司各岗位关键指标的确认。

③负责公司考核数据的收集、审查，并处理绩效投诉的面谈工作。

④负责协助执行长推行绩效考核。

⑤负责公司绩效考核管理会议的召开及各项绩效工作的落实。

（5）审计委员职责。

①负责收集考核数据并做汇总。

②负责绩效数据真实性的审计。

③负责定期进行绩效考核数据的对比分析。

④负责定期向执行长及总经理提交《绩效考核审计报告》。

3. 绩效考核团队成员具备的能力

（1）掌握推动绩效管理系统所需要的权利与资源。

作为绩效考核实施的推行者，一定要具有组织、协调公司相关资源的能力，这样才能保证绩效考核实施的过程中，能够有充足的人力、物力、财力的支持。

在企业中，显然，只有最高领导才有这样的权利和资源。这也是为何选择董事长担任委员会主任的原因。

（2）熟悉公司整体运作，熟悉各职能领域的现状。

推动绩效考核的实施，还需要团队成员对公司运作相当熟悉，对自己所在的职能领域的现状十分熟悉，并具有相当的专业知识。

通常，具备这个能力的人，就是公司各部门的经理。让他们加入绩效考核执行团队，并担任推行委员一职，是最佳的选择。

（3）掌握平衡计分卡与绩效管理实施所需要的专门知识与技术。

在绩效考核推行的团队中，还需要保证有成员能够精通平衡计分卡以及其他相关专业知识与技术，如战略规划、战略地图、目标管理等。此外，这些人还需要有很强的沟通和演讲能力，能够有效说服被考核者积极参与绩效考核。这类人，既可以从内部选拔，也可以从外部聘请，对绩效考核的实施能起到很好的推动作用。

二、周期设定：定时实施才能高效触发

绩效考核也是有一定时间限制的，不是随心、随性、无限期进行。绩效考核周期也叫作绩效考核期限。绩效考核的周期过短，会增加企业管理成本；过长会降低绩效考核数据的精准性，不利于员工工作绩效的改进，影响绩效管理的效果。在绩效管理实施的准备阶段，管理者还需要确定适当的考核周期。定时实施才能高效触发。

通常，绩效考核周期可以是年度考核、季度考核、月度考核。但不同性质的企业有所不同，在特殊的情况或特殊需求下，企业还会安排按旬考核、按周考核、按项目节点考核。企业实施绩效考核的时候，还需根据不同岗位的特殊性进行综合考虑，从而选择最合理的考核周期。

如何选择最适合的考核周期呢？方法有以下三种。

1. 累积法

所谓累积法，就是将多个业绩周期累积在一个月或者一个季度进行考核。这种方法适合业绩周期较短的工作岗位。

案例：

如销售岗位，销售岗位通常按照月销量来判断一个销售员的业绩，也有的会按照季销量来判断其业绩情况。然后按照业绩情况来决定销售人员的奖金发放和绩效奖惩。

2. 等同法

等同法就是考核周期与业绩周期保持一致，这种方法适合业绩周期适

中的岗位。

3. 拆分法

拆分法就是将一个业绩周期进行拆分，将其变为若干个有明确节点的阶段，然后再分阶段进行绩效考核。这种方法更加适合绩效周期较长、相对独立、可识别、可衡量、可评价的阶段性成果岗位。

案例：

如研发岗位，该岗位研发一个产品往往需要半年时间，基本会将一个产品的研发过程分为概念设计、详细设计、样品调试、技术改进、批量生产这几个环节，考核周期就可以根据这几个环节的完成情况来分段设计。

按照岗位的不同，考核周期的确定可以参照表4-1所示。

表4-1 不同岗位考核周期组额定参照表

序号	岗位类型	考核重点	考核结果应用方向	考核周期
1	销售岗位	销售额、回款率、客户满意度	绩效奖金发放	月度考核
2	职能岗位	工作任务完成质量、时间及成本	绩效行为规范	月度或季度考核
3	研发岗位	研发计划完成率、差错率、研发周期及成本控制	绩效奖金发放、绩效行为鼓励	季度或年度考核
4	生产岗位	生产额、产品合格率、生产成本	绩效奖金发放、绩效行为鼓励	按生产周期可弹性调整，周考核、月度考核、季度考核
5	管理岗位	年度经营计划完成情况、部门业务指标	人事调整、绩效奖金发放	半年度或年度考核

三、绩效辅导：企业持续精进的法宝

一个企业，在经营和运行的过程中，各级管理者都需要对下属进行绩效辅导，以帮助他们更好地完成工作绩效，从而使得企业快速实现战略目标。

那么什么是绩效辅导呢？所谓绩效辅导，即企业管理者与员工讨论有关绩效考核工作的进展情况，从而得知员工在完成绩效考核过程中的潜在障碍和问题，找到问题的解决办法，并进行有计划、有目的、有步骤的培训和帮辅。很多人认为，在实施绩效考核之前，事先做好绩效辅导，才能达到未雨绸缪的效果。这样的观点没错，但实际上，做绩效辅导工作，不应当只在绩效考核前端或末端实施，而应当贯穿在整个绩效考核过程中，尽可能在员工绩效问题发生之前进行指导。

1. 绩效辅导的内容

通常，做绩效辅导，包含的内容如下：

（1）能够确保员工从开始参与绩效考核的时候就能把工作做正确，这样可以省去大量时间用于产生问题后再去解决。

（2）了解员工的工作情况，掌握其工作进展信息，以便对其工作心态和方法等及时调整。

通常情况下，员工在工作过程中出现的问题，大致可以分为四类：

①知识欠缺。员工对所从事的行业、岗位所需的专业知识有所欠缺。

②技能欠缺。员工工作经验不足，导致在从事岗位工作时，操作技能等不熟悉。

③态度不佳。员工工作不积极，没有信心。

④外部障碍。员工受限于流程制度，或者部门之间配合不协调等障碍。

这四类员工，最需要对其做绩效辅导。

（3）提升员工的工作能力，帮助员工达成绩效目标，甚至超越绩效目标。

（4）避免在绩效考核中，有意外情况发生。

（5）考核者和被考核者对考核目标理解一致。

2. 绩效辅导的步骤

（1）辅导准备。

①管理者前期准备工作。

● 考核初期设定工作目标；

- 确定辅导时间、辅导方式、辅导地点，提前通知员工；
- 整理好相关资料；
- 准备好绩效辅导备忘录；
- 对员工的日常表现，进行绩效诊断。包括员工中是否普遍存在相同的绩效问题；员工是否清楚自己的工作完成情况；员工是否为这项工作受过专门培训等。

②员工前期准备工作。
- 需要明确自己的考核目标；
- 明确需要的支持和资源是什么。

（2）辅导沟通。

在做好辅导准备之后，接下来就是管理者和员工之间进行辅导沟通。在沟通的过程中，主要是为了：管理者与员工讨论，共同找出绩效短板；制订具体有效的行动计划。

绩效辅导沟通的方式，可以是正式的，也可以是非正式的。正式的辅导沟通方式，可以是定期的书面总结、定期的部门会议、定期一对一面谈；非正式的辅导沟通方式，可以是走动式管理、非正式会议、实时在线、电话沟通。具体的辅导沟通方式，如表4-2所示。

表4-2　辅导沟通方式

沟通类别	沟通方式	沟通内容
正式沟通	书面总结	员工通过文字、图表等形式向上级汇报工作情况，将工作过程中遇到的问题、需要的帮助等都写进总结中，以求得到领导的支持与帮助。通常，书面总结形式有：周工作总结、月度工作总结、季度工作总结、年度工作总结等
	部门会议	部门召开会议，就各自的工作情况进行说明，部门管理者从会议内容中了解各部门绩效目标的完成情况，对其存在的问题进行纠正，确保各部门发展方向正确
	一对一面谈	以一对一面谈的方式进行沟通时，管理者和员工之间可以进行深入的交流，双方信息对接更加顺畅、高效，有利于建立融洽的上下级关系

续表

沟通类别	沟通方式	沟通内容
非正式沟通	走动式管理	走动式管理,即管理者不定时走到员工工作岗位,与员工现场交流,并解决员工工作中出现的问题
	非正式会议	部门聚餐、联欢会或下午茶休息时,管理者可以在这种轻松的环境中和员工交流,指导员工的工作
	实时在线	管理者和员工通过企业内部网络、社交软件等,进行随时随地的在线交流,及时沟通,解决工作中的问题
	电话沟通	管理者与员工以电话的方式进行交流

在所有这些辅导沟通方式中,管理者与员工之间进行一对一面谈,是最有效的辅导沟通方式。书面总结,可以使员工理性、客观、系统地思考问题,对自己的绩效情况及潜在的问题有更加清晰的认识。但书面总结也存在一定的缺点,即管理者和员工之间缺乏实时双向沟通,双方理解可能会出现偏差。

在辅导沟通的过程中,管理者还应注意以下五方面。

①多提问,少表达。好的绩效辅导,不强调表达,而注重用提问来代替。这样做,一方面可以很好地引导员工更好地找出解决绩效问题的答案;另一方面可以避免说教式的语言引起员工的反感,产生负面效果。

②提问多开放,少封闭。开放性问题与封闭式问题相比,可以引导对方去叙述、澄清和思考。

案例:

封闭式提问:你的意思是不是……?

开放式提问:你对这个情况有什么看法?

③多问 what,少问 why。

提问时,要多问几个"what(什么)"少问"why(为什么)"。

案例：

"What"的句子：你当初的想法是什么呢？

"why"的句子：你当时为什么没有提出这个想法？

④双向沟通。沟通是需要两个人互相交流的，而且应当以管理者为主。这样管理者才可以很好地从员工那里获取相应信息。否则，单向沟通，信息只能输出，无法实现信息的回传，不利于绩效考核的实施和推进。

⑤平等沟通。虽然管理者和员工之间在职位上有一定的差异，但在绩效辅导环节，双方之间的沟通是要建立在平等的基础上进行的。管理者只有与员工平等沟通，才能达到最佳的沟通效果。

（3）辅导追踪。

绩效辅导追踪包括：

①定期跟踪员工的工作完成情况，适当调整行动计划。

②对员工的出色表现给予及时认可，对不足之处提出改进意见。

③寻找需要进一步开展的辅导工作。

3. 绩效辅导的方法

在绩效辅导阶段，由于员工的能力和工作任务难易程度不同。所以采取的辅导方法也应当有针对性，才能达到良好的辅导效果。

对于缺乏经验的新员工来讲，绩效辅导是指导他们如何按照工作流程，一步步完成工作任务，给他们指明方向，以培养其独立完成工作的能力。对于具有一定知识和能力的员工来讲，可以适当放手，给其讲方法，让其亲自去实践；对于那些技术熟练、经验丰富的老员工来说，绩效辅导可以鼓励他们在工作中尝试新方法以创新能力，使其绩效水平更上一个新台阶。

具体的绩效辅导方法，如图 4-3 所示。

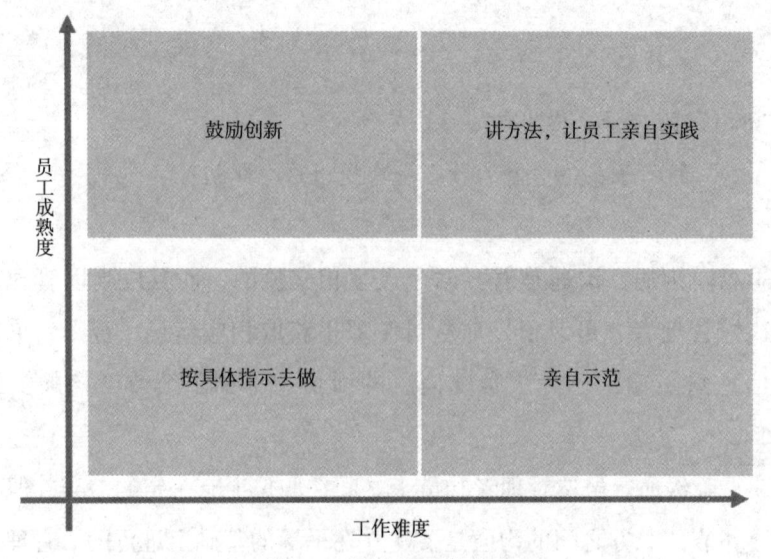

鼓励创新	讲方法，让员工亲自实践
按具体指示去做	亲自示范

（纵轴：员工成熟度；横轴：工作难度）

图4-3 绩效辅导的方法

这样有针对性地对员工进行绩效辅导，可以使员工在下一期的绩效考核中，将任务完成得更加出色。

第二节　实施保障：为绩效管理的实施保驾护航

通用电气CEO杰克·韦尔奇曾说过，对于企业经营者来讲，最有效的管理手段就是绩效管理。许多企业期望通过绩效管理，调动员工的工作积极性，提升经营效益，进而实现企业战略目标。

但是，很多时候，在绩效管理推行的过程中会形成"两张皮"的局面，老板和员工都心存不满，绩效管理难以推进和落地，最终束之高阁，不了了之。产生这种情况的原因并不在于方案本身，是在于方案与执行脱节，在于方案出台后，没有很好的机制保驾护航。绩效管理的实现，需要有效的保障机制，才能使绩效得到系统、高效的提升。

一、文化保障：倡导并培养企业绩效文化

一个企业的发展，需要企业文化的指导。企业的兴衰与常青，源自生生不息的企业文化，特别是追求绩效为导向的企业文化。拥有优秀的绩效企业文化，企业就拥有了竞争优势、效益优势和发展优势。可以说，企业绩效文化是企业绩效管理高效实施的保障。

绩效管理要想顺利实施，就需要有企业文化做支撑。这里的企业文化，就是企业绩效文化。企业一切文化的精髓所在，就是绩效文化。

为什么企业绩效管理实施的过程中要强调企业绩效文化做保障呢？

一方面，很多企业管理者在绩效考核的执行过程中抱有"不得罪人"的侥幸心理，这一点到了企业文化层面，就是一种"老好人"文化。这样，在做绩效考核时，考核者不愿意得罪人，所以造成考核评定含糊，无法对员工进行有效、精准的考核和评定。

另一方面，很多较为传统的企业，往往形成一种"重资历、轻能力"的文化。如果是老员工，其能力不佳导致业绩不佳，考核者就以一种"照顾老人"的思想去考核。这样做，对于高绩效的年轻员工会带来"一万点"伤害。一个真正有思想、有抱负的年轻人才，是不会屈身于这样的不公平环境中继续工作的。

因此，一个企业，要想绩效管理得以顺利实施和有效运营，就必须倡导并培养企业绩效文化，必须把有关"人"的各项决定，包括岗位安排、工资薪酬、晋升降级、解雇等，看作一个企业绩效管理的真正"控制手段"。

案例：

联想集团有一条重要的企业文化，就是"踏踏实实工作，正正当当拿钱"。这个企业文化反映到具体的管理措施当中，就是用人不唯学历重能力，不唯资历重业绩，一切凭能力、业绩说话。

联想有一套战略目标到组织、岗位责任的可操作化要求,针对业绩管理制定出可衡量的指标和激励机制,生动演绎了一场"赛马中识别好马"的故事。凡是进入联想的员工,虽然时间有先后,学历有高低,但只要有能力,能为公司创造出显著业绩,都能得到公司的赏识和重用,都有发展的机会。在联想,一年内被提升三次的大有人在。在联想,"小马拉大车"的情况比比皆是,因为一旦你长成大马,就会有更大的车去拉,这也迫使员工不断给自己提出更高的要求,为公司创造出更多惊人的业绩。

可见,企业绩效文化,是在绩效管理基础上形成的一种价值观,对企业员工产生积极的影响,让每位员工都能充分发挥自己的积极性。因此,倡导并培养企业绩效文化,对于绩效管理的实施,具有巨大的推进作用。

二、领导保障:争取高层领导的重视

企业绩效管理能够顺利、高效实施,企业的领导者在其中起到了十分重要的作用。绩效管理的实施,是一个企业全员参与的过程。如果只有各部门管理者和员工参与,在实施的过程中,少了领导者必要的支持,则绩效管理难以有序实施。

最高层领导往往是引导和推动绩效管理成功实施的前提和保障,具体体现在:

1. 高层领导为绩效管理的实施提供资源保障

企业的高层领导往往掌握着更多的信息、资源,能够获得高层领导的重视,可以获得更好的资源保障,这是绩效管理顺利实施的前提。

2. 高层领导为绩效管理的实施起到推动作用

从某种意义上讲,高层领导者在推动绩效管理工作时,并不需要花费太多的时间和精力。有时候可能只需要给全体员工发一份简短的电子邮件,或者一封形式比较正式的信,向大家说明公司为什么需要做绩效管理,绩效管理能够给大家带来什么样的好处,需要大家怎么配合等,即能起到很好的推动作用。

3. 高层领导为绩效管理的实施起到动员作用

如果有必要的话，在实施绩效管理之前，要专门组织有关绩效管理的培训会，高层领导在会上进行动员讲话。这样会很好地激励每一位员工参与的积极性。

没有高层领导的重视和参与，对绩效管理机制的实施是十分不利的。换句话说，获得企业高层的支持，绩效管理就成功了一半。

三、机制保障：建立分配与考核联动机制

绩效管理是一个完整的管理体系，由若干个部分组成，且各部分之间相互依托、相互支撑，共同维系绩效管理的运作。这些组成部分主要包括：设定绩效目标、绩效沟通与辅导、记录员工业绩、对员工进行考核与反馈、绩效总结与提升，共同为改善企业经营状况、提升企业业绩、实现企业发展战略，起到推动作用。

在完整的绩效考核系统当中，需要建立分配和考核联动机制，对企业绩效考核的实施进行机制保障。

1. 分配机制

分配机制，是企业内部以按劳分配为主，实现对员工多劳多得的薪酬分配方式。分配机制的建立，要实行按劳分配、按资分配、按贡献分配相结合，还要注重短期报酬与长期报酬相结合。这样，在兼顾公平的同时，还能避免企业短期报酬引发人才流失。

建立分配机制，就要由企业薪酬委员会牵头，人力资源部组织制订相关制度，确定各部门薪酬技术及其考核挂钩机制。分配原则主要基于人员＋岗位＋工作量，确定企业各部门的薪酬总额。

2. 考核机制

考核机制，是通过对企业员工的工作能力、业务绩效进行定期或不定期的系统考察和评价制度。考核机制是企业用来选拔优秀人才、合理使用

人才的重要途径。

建立考核机制，主要由企业绩效考核委员会牵头，组织各业务部门具体实施，汇总计算输出各部门员工的绩效分数。

3. 激励机制

事实上，除了建立分配机制和考核联动机制之外，还需要建立健全的中层管理人员激励机制。因为，中层管理人员在企业中充当着联系公司高层管理人员与基层员工的纽带作用。对于中层管理人员而言，其个人需求较为复杂，体现出一定的多样性特点，在建立中层管理人员激励机制的时候，应当将物质激励与精神激励相结合，注重公平与公正的原则。有了合理的激励机制，中层管理人员就能很好地加强自我管理、优化自身行为，这也是实现企业绩效考核的目的。

4. 工作记录与说明机制

建立工作记录与说明机制，这实际上是为中层管理者制定的，在加强对中层管理人员工作分析的基础上，优化企业中层管理任职体系，同时也能为中层管理人员的绩效考核提供充分的数据支持。

有了以上四个机制做保障，企业绩效管理在实施的过程中将会更加顺畅，少了很多后顾之忧。

四、制度保障：没有制度的支持，绩效实施寸步难行

目前，越来越多的企业开始重视绩效考核，并将绩效考核运用到其生产经营活动中去，以此改善经营状况，提升企业业绩，实现企业发展战略。在完整的绩效考核系统当中，绩效考核制度保障既是一个不可或缺的部分，也是绩效考核的润滑剂和加速器。没有考核制度做支持，绩效实施寸步难行。

那么绩效考核的实施，需要哪些制度做保障呢？

1. 建立健全的培训管理制度

绩效管理的实施是需要全员参与的，而一起参与的前提就是考核者和被考核者都需要对绩效实施计划、方案有深入的理解和掌握，如此绩效管

理才能有效开展下去。

因此,企业应当将企业绩效考核方案通过文档、视频等方式下发给参与考核人员,让参与考核的人员通过自学和专员讲解的方式进行培训,然后进行考核。同时由于企业的不断发展,绩效考核方案也会随之不断调整,还需要不定期开展相关的培训工作。

2. 建立健全的考核结果反馈制度

对考核结果进行的反馈工作,是对绩效考核结果检验的重要步骤。在考核结果反馈环节,企业应当对反馈结果进行对比和调整。设计出合理的绩效考核周期,并在考核周期结束之前,将考核结果反馈给相关负责人。

3. 建立健全的考核结果公示制度

为了保证绩效考核能够得到高效实行,企业应当秉持公平、公正、公开的原则,保证绩效考核工作的透明度。因此,企业需要建立健全的考核结果公示制度,接受来自各方面的监督。

4. 建立健全的奖惩制度

除了以上制度以外,企业还需要制定健全的奖惩制度。根据考核的实际情况,对考核过程中作出突出贡献的员工,给予物质、精神奖励;对于考核过程中存在违规操作的员工,予以相应的处罚,并将奖惩制度和奖惩情况公布出来。

五、组织保障:绩效实施离不开组织结构的支持

一个企业,各项工作的顺利开展,都离不开组织的保障。绩效考核工作的开展也不例外。在企业实际进行绩效考核的操作过程中,如果不建立起一套强有力的组织保障体系,明确各级管理者的责任,那么绩效管理将会成为无本之木,其绩效结果将会大打折扣。

建立一套完整的企业绩效管理组织保障体系,应当做好以下四方面。

1. 成立绩效考核组织委员会

一个完整的绩效考核组织委员会,主要成员应当包括:总经理、部门

经理、职工代表。在明确组织委员会成员构成之后，还应当明确各成员的责任，并制订各成员的工作规范与考核过程中的问题解决方案。

2. 组织参考人员进行培训

绩效考核组织委员会，还应当组织参与考核人员进行考核转型素质训练，并负责整个公司绩效考核的宣传工作。当各部门绩效考核工作出现问题时，还应当协助解决相关问题。

3. 建立部门工作小组

公司除了成立绩效考核组织委员会，还应当在各个部门中，挑选有责任心、有一定管理经验的管理者或员工代表组建绩效考核推进小组，以便对绩效考核组织委员会的工作进行辅助和推进。小组在推进绩效考核制度的同时，还应当将工作过程中发现的问题定期上报。

案例：

某公司为了保证制定的绩效管理体系能够顺利实施，专门建立了以一把手为组长、各分管领导为组员的绩效管理组织委员会，以支撑该公司绩效管理的实施。同时，该公司还下设了绩效考评办公室，在实现企业目标的时候，则根据不同部门的职能，为各办公室合理分配任务。绩效考评办公室要将企业目标按照由上到下的顺序，逐级分配到各个部门和各部门员工。同时，还要掌握各部门任务完成情况，遇到问题能上报并妥善解决。并通过筛选，获得具备更好工作能力的员工，以便能够高效、高质量完成任务。

4. 委员会与推进小组协同合作

推进小组对于组织委员会的绩效考核工作起到辅助性作用，双方是一种协同合作关系。在具体的工作中，双方应采取不定期跟踪的工作模式，全面了解绩效考核过程中的基本情况，并总结工作中存在的问题，以便帮助管理层人员，及时对绩效考核制度进行优化与完善。

六、人员保障：全员参与助推绩效管理快速落地

在绩效考核过程中，参与绩效考核的人员，是企业绩效考核方案的执行者。是关系到企业绩效考核执行情况的直接关系者。因此，企业在完成绩效考核计划设计之后，就应当挑选合格的企业绩效考核者，为企业绩效考核提供人员保障。只有这样，才能助推绩效管理快速落地。

具体如何做好人员保障工作呢？

1. 全员参与绩效考核

企业绩效考核需要全员参与。这里的"全员"不仅包括全体基层员工，还包括总经理、部门领导。

2. 对所有参与人员进行培训

绩效管理要想更好、更快落地，就需要对所有参与绩效考核的人员，根据考核方案的基本内容与工作要求进行培训，确保每位参与者都能够了解考核指标的含义、计分的方式等，进而保证考核方案能够正确执行。

3. 确保选拔工作的公平与公正

为了确保选拔工作的公平、公正性，应当严格审查考核人员，尤其是在试题的设计和日常品德考核方面，都应当注重公平性，严谨选拔方案，防止选拔试题的泄露。

4. 时刻关注企业绩效考核方案的实施情况

所有参与绩效考核的人员，都应当时刻关注企业绩效考核方案的实施情况，一旦出现问题，应当立即上报给上级管理部门，便于上级绩效管理部门及时修正，确保每一位员工都能得到公正的绩效考核结果。

5. 有效提高员工能力

绩效管理的核心就是提升员工的工作绩效、激发员工的工作潜能，从而为企业带来更多的效益。可以说，好的绩效考核，是一个双赢的过程。如果绩效考核流于形式，自然会成为每一个人在工作中的累赘，难以达到预期效果。因此，有效提高员工的工作能力，是绩效考核顺利实施的保障。

第五章
绩效考核：考核是为了更好地激励

"没有考核，就没有管理。"这是管理领域的经典名言。在绩效管理实施的过程中，重点在于进行绩效考核。考核是一个很好的管理工具，是通过收集员工工作行为表现和工作结果方面的信息情况，对被考核人员完成任务情况进行跟踪、记录。做绩效考核，目的是更好地激励员工，让员工更加积极工作，为企业创造更多的价值。

第一节　明确绩效管理考核的内容与原则

绩效考核，是绩效管理过程中最关键的环节。员工进行绩效考核，可以通过考核结果，判定员工的绩效等级，以此来决定员工的激励或惩罚。并且通过考核结果，员工可以明确自己的问题所在，找到问题解决方法，达到自身能力和业绩的快速提升。在开展绩效考核工作之前，首先要对绩效考核的内容和原则有更加透彻的理解。

一、绩效管理考核的内容

开展绩效考核，考核的到底是什么呢？相信这是很多人想要弄明白的问题。做绩效考核，目的就是提高每个人创造绩效的能力。

研究表明，员工创造业绩的能力分为以下三种形态：

第一种：能力持有态。

员工的"能力持有态"，即员工有创造哪些方面绩效的能力？这项能力的强度达到何种程度？员工的"能力持有态"的绩效考核指标，我们通常称为"能力考核指标"。

第二种：能力发挥态。

员工的"能力发挥态"，即员工在创造绩效的过程中，在发挥自身能力时，所表现出来的热情、主动状态。换句话说，就是员工有这样的能力，但他是否肯尽全力去做。简单来讲，所谓"能力发挥态"，其实就是员工在工作过程中所表现的责任感强度、主观能动性和职业道德水准等。员工的"能力发挥态"的绩效考核指标，通常称为"态度考核指标"。

第三种：能力转化态。

员工的"能力转化态"，即员工在创造绩效的过程中，所表现出来的实际工作能力。员工有能力，也为了业绩出了力气，并转化为工作业绩。员工的"能力转化态"的绩效考核指标，通常称为"业绩考核指标"。

基于这三种形态，我们就能十分清晰地知道，绩效考核的内容，其实就是能力考核、态度考核、业绩考核。在工作中，首先要考核的是员工的工作能力，即"能力持有态"；其次考核的是员工的工作态度，即"能力发挥态"；最后考核的是员工的业绩，即"能力转化态"。

1. 能力考核

员工工作能力考核，是绩效考核指标中非常重要的一项内容。工作能力绩效考核，是对员工在工作中所发挥出来的能力进行的考核。根据指标或要求，确定员工能力发挥的如何，对应其所担任的工作、职务、能力是大还是小，是强还是弱等，做出评定。

能力考核可以判断员工是否称职，其目的是员工在原有基础上能够快速、大幅提升自身能力。

通常，员工工作能力绩效考核，根据岗位的不同而有所不同，如表5-1所示，仅供参考。

表5-1　不同岗位员工工作能力绩效考核指标

能力	能力阐释	适用层次
领导能力	1.影响力：在团队中有影响力，提议能够获得支持、信任，具有说服力 2.主动性：无论是否是团队领袖，都能积极主动地表现出自己的领导愿望，并能通过自己的行动，推动团队向前发展 3.果断性：能够迅速做出决定，并对结果负责，相信自我的判断力，积极采取行动 4.建立关系：建立融洽的工作关系和内外部广泛的联系，平易近人，理解他人的观点	总监、经理、主管

续表

能力	能力阐释	适用层次
学习能力	1.市场总是在不断变化的，必须读懂这些变化，要从中不断学习，不断提升自我 2.每个人的职业规划，随着职业生涯的发展而提高，只有不断学习，才能适应新的岗位 3.不只是从书本中获得知识，还必须从领导、同事身上学习，但是更要注重在工作实践中学习，养成学习的习惯，让自己成为所在企业的教练	职员、主管、经理、总监
专业的计划分析能力	1.能对信息资料做出正确评价，从不同的资料中整理出数据，找出主要问题，分析发展趋势，做出合理决定 2.制订相关明确目标和计划，优化组织资源，监督进度直到完成任务	主管、经理、总监
解决问题的能力	1.要从现实中发现问题，并用排序法罗列出主要问题，运用各种资源解决问题 2.问题解决的过程，就是体现执行力强弱的过程。执行力的强弱，直接决定问题解决的效率和结果	主管、经理、总监

2. 态度考核

一个人，有什么样的态度，决定了其有什么样的行为；有什么样的行为，决定了其能获得什么样的结果。

员工在日常工作中所表现出来的行为，要与企业文化和价值观相一致。这也是企业所倡导的，希望广大员工能够以此为行为规范的准则。当员工的日常行为具备了与企业文化相一致的行为时，就说明员工在态度上已经认同了企业文化。产生与企业文化和行为规范相一致的行为，就是员工在企业中应该具备的素养，这也是企业对员工进行考核的一部分内容。

如果员工的行为与企业文化、价值观相符，说明员工的工作态度好，否则说明员工的工作态度需要做适当调整。

通常，员工工作态度绩效考核标准，如表5-2所示。

表5-2　员工工作态度绩效考核标准

项目	考核标准	权重	评定	分数
纪律性	1.体现公司形象和职业素质，良好的精神面貌和工作心态 2.无迟到、早退、矿工和违反公司制度和规范的行为 3.无工作随意、懒散现象	10分	出色	10
			较强	8
			一般	7
			较差	5
			很差	0
积极性	1.工作有热情，不需要督促就能完成本职工作 2.对临时交付的工作任务不扯皮，积极完成无怨言 3.能主动考虑问题，并主动提出解决办法	20分	出色	20
			较强	16
			一般	14
			较差	10
			很差	0
责任感	1.对公司发展与利益保持一贯的关注 2.以追求结果为导向努力完成工作任务 3.工作有始有终，不纠结、计较个人得失 4.正确面对工作失误，勇于承认错误、承担责任，不逃避及推卸责任	30分	出色	30
			较强	20
			一般	14
			较差	10
			很差	0
进取心	1.对工作充满热情和自信 2.不断给自己提出新的目标和要求 3.积极学习和贯彻执行公司各项制度，及时提出合理建议	20分	出色	20
			较强	16
			一般	14
			较差	10
			很差	0
协调性	1.与同事配合，和睦工作 2.重视与其他部门的同事协调 3.在工作上乐于帮助同事 4.积极参与公司举办的活动	20分	出色	20
			较强	16
			一般	14
			较差	10
			很差	0

3. 业绩考核

绩效考核的重点就是业绩考核。员工的业绩考核，是针对企业所有员工对企业的贡献和价值进行的考核。

有效的业绩考核，不但能确定每位员工对企业的贡献程度，而且可以在整体上对人力资源的管理提供决定性评估资料，能有效提升员工的工作业绩，激励其士气。同时，还可以对员工酬赏与奖惩方面，做公平的依据。

以下是某企业市场部人员的业绩考核标准，如表5-3所示。

表5-3 某企业市场部人员的业绩考核标准

考核指标	指标完成情况	分数	得分
公司任务中分管任务的完成率	1.超额、提前完成任务	50分	
	2.按计划完成任务	40分	
	3.按计划基本完成任务，偶有拖延	30分	
	4.有时不能按计划完成任务，对工作稍有影响	20分	
	5.任务完成具有滞后性，对工作有影响	10分	
部门创新和工作策略	1.常有创新，策略很合理	50分	
	2.有创新，策略合理	40分	
	3.有创新意识，但创新很少，策略一般	30分	
	4.创新意识较差，策略失之偏颇	20分	
	5.创新意识差，策略有较严重的错误	10分	

二、设计绩效考核指标原则

明确了绩效考核所要考核的方向和内容之后，接下来就要明确绩效考核指标设计的原则。有了这些原则，在设计绩效考核指标时，就能有所规范、有所依据。

1. 与企业整体绩效相关联

现如今，企业在市场竞争中的核心是团队协同的竞争。这就要求企业必须关注团队精神的培养，强化合作意识。在这一点上，只鼓励和号召，不触及利益问题，是无济于事的。所以，必须将个人利益与企业整体绩效挂钩，给员工一种"大河有水小河满，大河水少小河干"的压力。

基于这一点，在设计员工绩效考核指标的时候，必须想到：

第一，员工绩效管理是以实体绩效管理为基础的管理活动。

第二，员工绩效管理的立足点是放在考察员工执行上级指令的坚决性问题上。

第三，绩效管理是加大员工工作压力的工具。团队压力再大，员工感受不到，对于提升员工工作积极性无济于事。如果实施绩效管理，就能够将团队工作压力落到实处，让员工深刻感受到工作压力的存在。

员工绩效考核指标设计与团队绩效管理的相关性，主要表现为以下三方面的主题应当一致。

（1）动态主题。

企业要发展，实施绩效管理工作，就要站在企业全局的立场上，根据企业的发展、行业的特点、市场的现状等因素，不断提炼当前管理工作的重心，以及与之相对应的绩效管理主题。在设计员工绩效考核指标时，要将企业发展的动态变化因素作为主题来体现。

案例：

某企业，预算是财务管理的主体运作方式，那么它的绩效管理必然也是以预算为中心。比如，员工完成一个任务，不但要考核员工任务完成情况，同时还需要对其所花经费的额度、经费花得是否合理，作为绩效考核的内容。

（2）静态主题。

设计员工绩效考核，分解和统摄实体绩效考核指标，是常用的做法。做这种分解时，要有全局意识。

案例：

对于制造业企业来讲，设计成本绩效考核指标，要考虑各岗位成本责任，必须首先研究在研发、制造、营销、管理等职能模块中，哪个职能体系的成本责任最大。通常，直接认为是制造系统的成本责任最大。但事实上，这样的观点是错误的。在设计员工绩效考核指标时，要用大局意识，对考核内容进行细分，而不是想当然地认为。

成本责任最大的职能系统其实是研发。研发部门设计的产品就是高成本产品，之后的制造、营销、管理工作中，即便再节省，成本也降不到哪去。相反，如果设计的是低成本产品，其他部门只要按要求执行，就能实现成本的合理控制。

研发的成本责任最大，然后是营销。如果不注意控制营销成本，浪费的金额也是相当惊人的。

管理成本也是一个重要的成本责任组成部分。一定要事先做好规划，切勿"出水才见两腿泥"。

所以，在设计员工绩效考核指标时，应当全局分析责任权重，在此基础上制定出来的考核指标才有意义。以此类推，设计利润绩效考核指标、营业额绩效考核指标、客户满意度绩效考核指标等时，都要在总体统筹的基础上保证其准确性和公平性。

（3）权变主题。

以上两个主题，是常规性考核。绩效管理实施过程中，除对那些规律性极强的日常状态进行考核外，还会对一些特殊情况进行考核，如非常明显的利润高增长、意料之外的重大事故等。这些非常规的绩效表现，都会直接影响员工的个人绩效。面对这些特殊情况，企业应当设计针对性考核，如高利润实现的经验是什么？有没有客观因素？发生意外的原因是什么？等等。由此出现了需要关注的新绩效管理主题。

与以上两个主题相比，权变主题是一种"抽查性绩效考核"方式。常规性绩效考核是以正常统计数据为依据，按规定必须实施的考核。但有的绩效考核指标，相对来说没那么重要，但如果不管不顾，又会有风险，所以就要采取抽查的办法，这就需要设计抽查性绩效考核指标。这种抽查的方式，其目的在于对企业被考核人员形成威慑。如果害怕被抽到，就要时刻做好准备，这样考核的目标也就达到了。

但无论是哪种主题，是常规性绩效考核指标，还是抽查性绩效考核指标，在设计时都应当注意与企业整体绩效相关联，这样设计的绩效指标，才不会失去其存在的意义。

2. 注意信度与效度分析

员工绩效考核指标设计的信度，是指这个考核指标的真实程度和一致性程度。如这个绩效考核指标是否在企业运作过程中确实存在？能否用数据或信息真实表达？等等。

员工绩效考核指标设计的效度，是指这个考核指标的有效程度。如用这个指标能否考察出员工的工作态度如何？能否反映出员工的工作能力高低？能否计算出员工的工作业绩？等等。

在设计员工绩效考核指标时，有关信度和效度的分析，常见的问题主要有以下两方面：

（1）缺乏论证的严肃性。

事前的设计预案缺少科学分析；事中的讨论只是象征性地走一遍流程，没有人提出异议，就算通过，也没有做过深入推敲；事后的反馈也往往被忽略。这样的设计流程，使得论证缺乏严肃性。

（2）缺乏论证的专业性。

参加讨论的人，很多不是内行的设计者，而且将讨论的重点放在了公平性上，而不是科学性。所以，论证明显缺乏专业性。

这两方面的问题，显然是绩效考核指标设计时欠考虑的地方，进而使得绩效管理在实施的过程中表现出明显的"管理短板"。基于这些问题，在设计绩效考核指标的时候，一定要做好信度与效度的分析。

3. 关注规范性和可操作性

相当多的企业，在设计员工绩效考核指标时，往往欠缺深入的思考，导致绩效考核指标缺乏规范性和可操作性，没有真正想清楚就仓促拿来操作。结果，在运作的时候却发现，不是歧义丛生，难于理解，就是似是而非，不知所云。最终直接导致不知如何下手。

所以，建议在设计绩效考核指标时，一定要按照规范去做，至少要回答以下九个问题：

（1）该绩效考核指标的名称是什么？

（2）该绩效考核指标的确切定义是什么，该用什么形式表达？

（3）此时设立这个绩效考核指标，想要达到什么样的目的？

（4）这个绩效考核指标有哪些相关的说明？

（5）谁负责收集该绩效考核指标所需要的数据，用什么样的流程收集？

（6）所需要的数据来源是什么？

（7）计算数据的主要数学公式是什么？

（8）该绩效考核指标需要做的数据统计周期是多长？

（9）什么机构或个人负责数据的审核？

第二节　掌握绩效考核实操流程

绩效考核的实操过程，就是制定绩效考核指标、确定绩效标准和指标计分方法、采集绩效数据、核算指标实际值或实际完成结果、计算绩效考核得分以及评定绩效等级的过程。具体绩效考核的实操流程如图5-1所示。

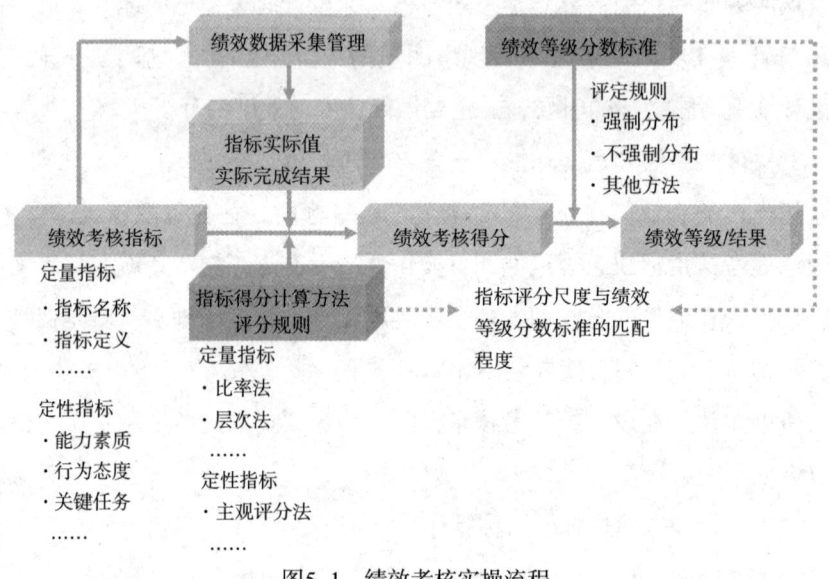

图5-1　绩效考核实操流程

一、绩效考核指标设计方法

绩效考核指标是绩效管理设计中的一个必不可少的环节。掌握一定的方法，才能设计出优质的绩效考核指标，才能为绩效考核的顺畅实施铺好路。

1. 确定考核依据

有的管理者不理解为什么要设计绩效考核指标，对部门或岗位进行考核。这是在做绩效管理计划的过程中，给被考核对象分配责任指标、目标时遇到的首要问题。要想解决这个问题，首先就要确定绩效考核指标确定的依据。

任何指标的确定，都必须有出处，"无源之水""无本之木"的指标是无效的。

案例：

某小型零售企业，在看到业界标杆企业考核单店坪效时，就采取"照葫芦画瓢"的方式制定了考核指标。但出人意料的是，该企业的考核成绩越来越差，公司门店越来越少，市场占有率迅速下降。

该企业一步步走下坡路的原因就在于其在制定绩效考核指标之前，不知道一个道理：不同的企业，在不同的发展阶段、管理基础、业务流程等方面存在一定的差异性，所以导致绩效好坏的关键因素也大不相同，对应的考核指标也有所差别。

事实上，绩效考核指标是有固定来源的，其来源有三个方面：

（1）源自企业指标目标的分解。

也就是说，岗位指标目标，源自部门主管的指标目标；部门主管的指标目标，源自部门的指标目标；部门的指标目标，源自企业的指标目标。

（2）企业战略、年度经营计划和年度预算。对于这一点的理解，可以举例来说明，如企业销售额指标的目标值，来源于企业年度收入预算；企业的重点工作完成率的目标值，源自企业的年度经营计划中的重点工作。

（3）部门与岗位的年度工作计划、部门与岗位的工作职责、作业流程等。

任何一个企业的绩效考核指标设计的依据，都离不开以上三个方面，都需要以企业战略、年度经营计划、年度预算、职责、流程为依据。

2. 不同考核对象制定不同考核指标

在进行考核的过程中，不同的考核对象参与其中。但由于不同的岗位性质和职责，决定了每个参与考核人员的考核指标有所不同。基于特有的绩效考核指标，才能获得最科学、最精准的考核结果。

针对这个问题，在设置绩效考核指标时，一定要针对不同的考核对象，包括不同岗位的员工、不同部门，制定不同的考核标准。以下是不同岗位、不同部门制定的绩效考核指标，仅供参考。如表5-4所示的销售部绩效考核指标，如表5-5所示的研发部绩效考核指标。

表5-4 销售部绩效考核指标

序号	考核项目	考核指标	计算方法或说明
1	销售目标完成情况	计划达成率	实际完成的销量÷计划完成的销售额×100%
2		销售收入增长率	（本期消费收入-上期销售收入）÷上期销售收入×100%
3		销售回款率	实际销售款÷销售收入总额×100%
4		毛利率	（销售收入-销售成本）×100%
5		销售额	考核期内各项业务销售收入总和，或销售数量总和
6		促销效果评估	促销费用÷促销产出×100%
7		坏账率	坏账损失÷主营业务收入×100%
8	市场份额	市场占有率	产品销量÷该产品整个市场销售总量×100%

续表

序号	考核项目	考核指标	计算方法或说明
9	客户管理	新客户开发达成率	新客户实际开发数量÷新客户计划开发数量×100%
10		客户保有率	考核客户关系维护
11		新客户开发数量	—
12		客户投诉处理率	处理客户投诉数量÷接到客户投诉数量×100%
13	产品利润	产品利润率	新产品销售利润÷接到客户投诉数量×100%
14		核心产品利润率	核心产品销售利润÷核心产品销售×100%
15	员工培训管理	培训计划完成率	实际完成培训次数÷计划完成培训次数×100%
16		部门员工任职资格达标率	当期任职资格考核达标的员工数量÷当期员工总数×100%

表5-5 研发部绩效考核指标

序号	考核项目	考核指标	计算方法或说明
1	研发目标完成情况	研发项目阶段成果达成率	各项目实施阶段成果达成数÷计划达成数×100%
2		科研项目申请成功率	项目申请成功数÷项目申请总数×100%
3		研发成本控制率	实际技术改造费用÷预算费用×100%
4		新产品利润贡献率	新产品利润总额÷全部利润总额×100%
5		项目开发完成准时率	开发实际周期÷开发计划周期×100%
6		科研课题完成量	当期完成并通过验收的课题总数÷当期完成的课题总数×100%
7		科研成果转化	当期科研成果转化次数÷当期科研成果总数×100%
8		产品技术稳定性	投放市场后产品设计更改次数÷投放市场的产品设计总数×100%
9		试验事故发生次数	当期试验事故发生次数÷当期试验总数×100%

157

3. 设定清晰的指标名称

每个人都有自己的名字，也正是因为大家彼此之间的名字不同，而能够快速区别于别人。绩效考核指标，同样需要设定一个清晰的指标名称，即考核项目名称，可以让被考核者明确考核的详细内容。

案例：

某企业的生产部门总是不能按时完成销售部提交的货品需求计划，于是销售部提出要对生产部门的要货计划完成率进行绩效考核。当这个指标提出之后，很多管理者拿着考核指标一头雾水，根本不知道为什么要做这个指标，如何计算分值。

后来，人力资源部将这个指标分为两个部分进行分别描述：客户订单批次按时完成率、要货数量按时完成率。结果，大家看后一目了然，并对这个绩效考核指标欣然接受了。因为这个指标在制定的时候，本身反映的就是要货计划的两个方面：一个是订单的批次，另一个是订单的数量。如果销售部每个月都能接到1000个订单，那么订单的要货数量是多少？订单是大单还是小单？是重要客户的订单，还是非重要客户的订单？这些都需要详细和明确。所以，考核数量与考核批次，不可偏废。

指标的名称在命名的时候，还可以根据考核方式来定。有些指标是正向考核的，有些是可以逆向考核的。

案例：

一个想要明确成品质量的指标，既可以从成品检验合格率方面进行考核，也可以从成品检验单不良率方面入手。具体需要正向考核，还是需要逆向考核，关键还要看实际质量管理的业务流程以及相应的统计报表。如果生产车间只有不良产品的检验记录，没有产品的合格率计算报表，那么最佳的考核就是从成品质量的不良率入手去做。

可见，确定明确、有效的指标名称，首先要做的就是了解企业内部各项业务的流程以及相关报表，结合业务的流程以及相关报表来合理制定。此外，还需要结合企业的实际情况，制定出轻松、易于理解的指标，以便每个参与考核的人员都能快速着手去做。

4. 确定科学、合理的指标权重上下限

设计考核指标，有一个重要的组成部分，就是权重。权重往往凸显的是该指标对于被考核者的重要程度。权重越大，表明该考核项目在该指标中的重要程度越高。当某个指标的权重较高时，就会占据大部分的权重比例，从而导致其他考核指标的权重减少。

案例：

某家公司销售代表的考核指标共有八个，其中销售额指标就占去了80%的权重，其他指标的权重总和仅为20%，而其中的主要指标就是应收账款的回收。显然指标权重的分配比例相差很大。这也直接导致被考核人员忽视了其他指标的重要性，几乎将全部精力都放在销售额上。因为销售额指标权重太大，可能会造成销售代表拉长、拉大应收账款，并以此为条件，向客户销售更多的产品。这本质上是一种以压货且牺牲公司资金周转效率为代价的不良销售行为，更重要的是潜藏着巨大的坏账风险，对公司的整体发展是十分不利的。

由此可见，确定科学、合理的指标权重上下限十分重要。但指标权重的上下限并不是凭个人主观想法去定的，而是需要借助一定的方法，通过计算得出。

常见的权重确定方法，是德尔菲法。德尔菲法又称为专家法。之所以称作专家法，是因为该方法是借助专家的知识和经验，确定指标的权重，并在不断地反馈和修改中得到比较满意的结果。基本实施步骤如下：

第一步，选择专家。这一步十分关键，如果专家选不好就会直接影响到考核结果的准确性。通常，需要选择本专业领域中，既有实际工作经验，又有较深理论修养的专家。在人数上，以10~30人为宜。

第二步，将所有权重指标和相关资料，以及统一的确定权重的规则，一并发给选定的各位专家，请他们独立地给出各个指标的权数值。

第三步，计算各指标权数的均值和标准差。

第四步，将计算的结果以及补充资料返还给各位专家，要求所有专家在这个计算结果上确定权数。

第五步，重复以上第三步和第四步，直至各个指标权数与均值的离差不超过预先给定的标准为止。也就是各专家的意见基本一致时，最终得到的各个指标权数的均值，就是该指标的权重。

二、采集与核对绩效考核数据

采集绩效考核数据的目的，是确定绩效指标的实际值或目标的完成情况。这项工作，同时也是使绩效管理有效、有序、公正、公平执行的保证。

1. 绩效考核数据来源与管理权责

绩效考核数据的收集，是企业中参与绩效考核全员共同的职责。通常，数据来源包括：人力资源部、各业务部门、绩效委员会、财务部，并且这些数据提报部门还担负着其他相关管理权责。

（1）人力资源部负责绩效考核指标、权重、考核标准、计算公式的解释，并拿考核结果数据向各部门反馈，与各部门员工进行考核面谈。

（2）各业务部门负责提报本部门考核数据，负责本部门人员绩效考核面谈。

（3）绩效委员会负责制定考核标准的数据，负责监督各部门按时提报数据及审核数据的真实性。

（4）财务部负责各业务部门财务数据的审核，根据人力资源部提报的考核数据核算绩效工资。

2. 数据采集流程

第一步：人力资源部，在每月月末给有关职能部门传达书面通知，对数据收集提出相关要求。并将员工绩效计划完成情况数据，报给有关业务管理部门进行审核，然后将审核结果报给人力资源部。

第二步：人力资源部负责数据收集并汇总。职能部门或相关业务部门负责业务指标的审计确认，保证数据的真实可靠。最后，将审定后的数据报给人力资源部。

第三步，为了确保数据采集结果的真实性与可靠性，对于上报的考核指标数据，必须经过严格的审查，可以采取个别谈话、征求内外部客户意见、听取监督部门意见等方式，对采集来的数据进行核查。一旦发现数据与实际情况不符，要及时采取措施予以更正。

需要注意的是，在采集数据的过程中，往往会因为各种原因而导致数据与实际情况不符。这些原因通常表现为：

（1）定式偏差。

考核者对被考核者进行评价时，往往会受到过去的经验和习惯方面的思维定式影响，从而对被考核者的评价有了不正确的看法。

案例：

某公司销售部主任，因为被一个同事怂恿，开发了多个没有实际意义，却带来较高成本的销售渠道。这导致销售部全员和财务部对销售主管的工作能力颇有微词。因此，在对销售部主任进行评价的时候，人力资源部认为销售主任的实际工作能力逊色。

（2）偏见偏差。

人们总是喜欢对与自己脾气、喜好相投的人产生莫名的好感。在绩效考核的过程中，考核者往往也喜欢用自己的性格、作风等与被考核者进行对比。凡是与自己相似的人，总是情不自禁地会给予好的评价；相反，对于那些与自己格格不入的人，往往给予的评价极低。这样带着偏见对被考核者进行评价，就容易使考核评价结果出现偏差。

（3）晕轮偏差。

晕轮偏差，也称为光环效应。简单来讲，就是因为某人在某方面的出色表现，而被认为任何方面都表现优异；因为某人在某一次出现不良记录，就永远被冠以"低绩效员工"之名。这种因某方面、某一次的好与坏而受影响，使被考核者的考核结果明显失真。

（4）近期偏差。

近期偏差，就是被考核者之前在工作中一直做得十分出色，只是在近期突然出现工作疏忽，考核者对其定性为"绩效差"；或者该被考核者一直在工作中挑肥拣瘦，却在近期碰运气将工作做得漂亮，使考核者对其刮目相看，认为其工作潜力巨大。显然，这两位被考核者的绩效考核结果出现了偏差。

无论以上哪种形式，都使员工的绩效考核结果出现了偏差。作为考核者，应当消除这些主观性偏差，去收集每个员工的绩效考核表以备核对以及存档。在之后的实际操作中，考核者可以对收集来的绩效考核数据进行抽查和对比，以免出现凭借主观印象进行评定的情况。

三、指标的得分计算

绩效考核的一项重点工作，就是计算绩效指标的得分情况。绩效考核得分计算也是有一定的标准的，分为量化目标考核打分计算标准和非量化目标考核打分标准。

1. 量化目标考核打分计算标准

量化目标考核，就是对那些可以用具体数据来体现的项目进行考核。通常有四个标尺：数量、质量、成本、时间。这四个标尺对于职能部门同样适用。根据这四个维度，可以设计出多种多样的考核指标。

数量类：产量、次数、频率、销售额、利润率等。
质量类：准确性、满意度、通过率、达标率、完成率、投诉率等。
成本类：成本节约率、投资回报率、费用控制率等。
时间类：期限、天数、及时性、新品推出周期、服务时间等。

量化目标考核打分计算标准的操作步骤如下：

第一步，将 A、B、C、D 四个考核标准等级的得分系数分别设定为 4、3、2、1。

第二步，实际完成值低于 D 级标准的，按 0 分计算。

第三步，实际完成值在 A 级标准以上的，则按 4 分计算。

第四步，当实际完成值在 A~D 级之间时，采用如下方法计算得分系数：

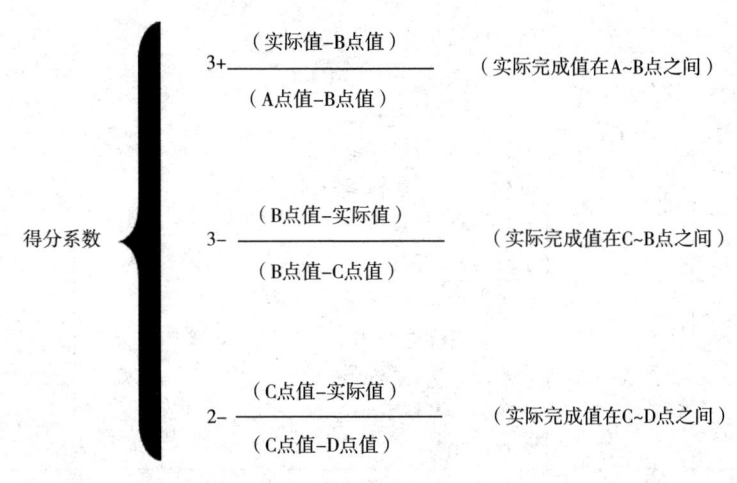

$$得分系数 = \begin{cases} 3 + \dfrac{实际值 - B点值}{A点值 - B点值} & （实际完成值在A~B点之间）\\[2mm] 3 - \dfrac{B点值 - 实际值}{B点值 - C点值} & （实际完成值在C~B点之间）\\[2mm] 2 - \dfrac{C点值 - 实际值}{C点值 - D点值} & （实际完成值在C~D点之间）\end{cases}$$

第五步，根据考核项的得分系数，乘以考核项的权重，即为员工考核项的实际得分。各个考核项得分相加，即为员工岗位考核得分。

2. 非量化目标考核打分标准

非量化目标考核，就是对那些不可以用具体数据来体现的项目进行考核。非量化的指标虽然不可以用具体数据来体现，但可以通过一系列的转化，成为可以进行考核的指标。具体如何转化，后文有详尽的方法。

以下是某企业高管对所在部门的部分非量化目标考核打分标准，如

表 5-6 所示。

表5-6 某企业高管的非量化目标考核打分标准

序号	评价维度	维度描述	评分标准 (最高等级和最低等级,均需注明事件或理由)	权重	得分 (满分100分)
			×××部门 第× 季度考核之分管高管打分表		
1	考核指标外工作完成情况	部门职能职责以内但不在绩效考核中体现的工作完成情况,包括及时性和完成质量	1. 及时性:按时完成,每少完成一项工作扣10分,满分50分; 2. 完成质量(满分50分): (1)非常好≥48分 (2)48分>较好≥45分 (3)45分>达标≥38分 (4)38分>及格≥30分 (5)差<30分	35%	
2	临时交办工作完成情况	分管高管临时交办工作完成情况,包括及时性和完成质量	1. 及时性:按时完成,每少完成一项工作扣10分,满分50分; 2. 完成质量(满分50分): (1)非常好≥48分 (2)48分>较好≥45分 (3)45分>达标≥38分 (4)38分>及格≥30分 (5)差<30分	30%	
3	部门日常工作表现	对部门日常工作表现的评价	1. 非常优秀≥96分 2. 96分>优秀≥90分 3. 90分>达标≥75分 4. 75分>及格≥60分 5. 差<60分	20%	
4	部门整体评价	对部门的整体评价	1. 非常优秀≥96分 2. 96分>优秀≥90分 3. 90分>达标≥75分 4. 75分>及格≥60分 5. 差<60分	15%	
合计得分					

四、评定绩效等级设计

在绩效考核工作中,每个被考核者的考核指标中,都会显示最终考评结果。通常，根据考核结果的不同，将绩效结果分为不同的等级，如出色、优秀、一般、较差等。

按照正常的设计思路，最终的绩效等级就是"一般"，但经常会遇到这样的情况，即给所有指标的考核得分加权求和后，得出的绩效考核得分，按照绩效等级分数的标准和绩效等级评定规则，得出的绩效等级却变成了"出色""优秀"或者"较差"。

也许有人会认为，这是绩效指标评分尺度不合理造成的，或者认为是绩效指标评分方法与绩效等级分数标准不匹配的原因。

从绩效考核实操流程可以看出，单项指标的得分计算方法或评分方法，直接决定着被考核主体的绩效考核得分。虽然指标权重可以调节最后的绩效考核得分，但最终影响绩效考核得分的是指标得分计算方法或评分规则的评分尺度。指标评分尺度，是指标的实际值或实际完成结果达到的一个百分比。

案例：

指标的绩效实际完成结果为"优秀"，指标评分为105分或者为100~110分数区间中的某个值。指标评分尺度不同，绩效结果得到的考核得分也会不同。

在绩效考核得分一定的情况下，影响绩效等级评定的因素，是绩效等级分数标准和绩效等级评定规则。绩效评定规则，则是绩效等级评定的限制条件，而影响绩效等级评定的主要因素是绩效等级分数标准，即被考核者的绩效考核得分达到了哪个分数区间，就意味着其被评定为所对应的绩效等级。

绩效指标评分尺度、绩效等级分数标准是决定绩效等级评定的客观因素，而且两种之间相互影响、相互联系。如果指标评分尺度低于绩效等级分数标准所对应的分数要求，那么考核评定出来的绩效等级，一般会低于实际的绩效等级。反之亦然。只有指标评分尺度与绩效等级分数标准相匹配，才能反映出被考核者的真实绩效水平。否则，会出现被考核者的绩效等级高于或低于真实绩效水平。

总之，要想做好绩效等级评定，首先就要做好绩效指标评分尺度设计，做好绩效等级分数标准设计。

1. 绩效指标评分尺度

绩效指标评分尺度的设计，分为两部分：

（1）定性指标评分尺度设计。

定性指标的评定方法，可以分为：

①直接主观评分法。直接主观评分法是考评人根据个人的主观感觉直接给被考核者评分。这种方法没有标准统一的评分尺度，考评结果的客观性不强。

②绩效等级择一法。绩效等级择一法，在设定的时候，一般需要考虑四五个等级。如果绩效等级被划分为五个等级，那么绩效指标评分等级，也要划分为五个，以此类推。一方面，为了保证指标的评分尺度与绩效等级分数标准互相匹配和联动，绩效指标评分等级需要根据绩效等级的数量来划分。另一方面，绩效指标评分等级的分数区间，需要与绩效等级分数标准保持一致。如果绩效指标等级评分不是分数区间，而是一个固定值，那么这个固定值就需要设定为对应分数区间上下限的平均值。

案例：

绩效等级"优秀"的分数区间为100~110分，那么就需要将对应绩效指标评分等级"优秀"的评分区间也设定为100~110分。但如果指标评分是一个固定分值，那么这个评分的固定分数就应该是这个区间的上下限分值，100和110的平均值，即（100+110）÷2=105分。

（2）定量指标评分尺度设计。

定量指标，即可以将数据量化之后得出的考核得分。指标得分计算方法不同，得出的考核得分也有所不同。常用的定量指标得分计算方法有三种：

①层差法。层差法是将考核结果分为几个层次，实际考核结果落在哪个层次内，那么该层次所对应的分数就是被考核者所得的分数。

案例：

员工培训周期是从企业提出员工培训计划的时间，到员工培训工作结束的时间段。

如果设定的最低完成时间为7天，期望完成时间为5天。培训周期指标在销售主管的考核中所占权重为15%，即15分。

假设计分方式有三种：

A.5天内完成，得15分；

B.7天内完成，得10分；

C.7天以后完成，得0分。

②比率法。比率法，即指标的实际完成值，除以计划值，得出来的百分比，然后乘以指标的权重分数，最后得到被考核者该指标的实际考核分数。

案例：

销售部的回款率＝实际销售款÷销售收入总额

如果回款率在本季度中占有20%的权重，即20分，所得的分数为：销售回款率×20。

③加减分法。加减分法是针对标准分进行加分和减分的方法。

案例：

销售部的销售目标完成率＝实际零售额÷目标零售额

销售部目标完成率的项目分数是30分,如期望完成率是80%以上,则在80%以下开始扣分,销售完成率少1%,就扣除1分,直到扣完为止。

如果销售完成率为75%,该项得分为30-5=25(分)。

加减分法的设计原则有两点:

第一,根据达到目标值的难易程度。为了便于考核,每个绩效考核指标只设计一个目标值,所以是否加分,也取决于达到目标值的难易程度。如果达到目标值较难,则可以设计在达到目标值以上就加分;如果达到目标值相对不太难,则不设计加分,而且加大减分的力度。

第二,根据该项考核指标本身性质。每个部门都会设有不同类别的考核指标,有些指标是该部门被考核者必须做好的,或者说是被考核者最基本的责任,所以这样的指标可以不设计加分,而有些考核指标是以前管理比较薄弱之处,为了鼓励被考核者积极参与考核,所以才设计的加分。

2. 绩效等级分数标准设计

绩效等级分数标准,是指各绩效等级具体分数区间的划分。绩效指标评分尺度和绩效等级分数标准之间是相互影响、相互关联的关系。两者在原则上,只要保证绩效指标评分尺度和绩效等级分数标准相一致,绩效等级分数标准的各等级分数区间根据需要设定即可。但是,由于考评人的考评习惯和确定指标目标值的内在尺度存在不可避免的差异,导致考核出来的绩效等级与实际绩效等级存在差异。因此,绩效等级分数标准的设计,除了需要结合绩效指标的评分尺度,还需要结合考评人的评分习惯,或者指标得分等数据趋势来综合设计,然后根据绩效等级评定规则确定被考核者的绩效等级。

第三节 有效的考核工具是最好的撒手锏

企业管理水平的高低,在一定程度上决定了企业发展的高度。在以往,企业对员工考核的内容仅仅包含"德能勤绩"。如今,随着时代的发展,这些陈旧的考核内容,除了少数企业仍在沿用之外,已经在"管理界"被淡化。

当前,虽然不同的企业采取的绩效管理方法有所不同,但有些工具却被不同的企业经常使用。在实施绩效考核时,企业首先需要选择合适的考核工具。

一、关键绩效指标

关键绩效指标(Key Performance Indicator,简称KPI)是绩效管理实施过程中,用来对组织内部流程输入端、输出端的关键参数进行设置、取样、计算分析,用以衡量流程绩效的一种目标式量化管理指标。该指标来自企业战略目标的分解,是用来衡量各职位工作绩效的指标。建立明确、切实可行的KPI体系,是做好绩效管理的关键。

当关键绩效指标作为企业战略目标的组成部分时,它是对企业战略目标的进一步细化和发展。如果KPI与企业的战略目标相脱离,则KPI所衡量的职位方向也与企业战略目标的实现产生分歧。如果企业战略重心发生转移、战略目标发生变化,KPI也必须随之进行相应调整。

在确定KPI的时候,应当把握以下几个要点:

(1)考核目标明确,有利于企业战略的实现。通过对企业战略目标的层层分解,员工可以更好地执行,以达到员工绩效行为与企业战略要求相吻合的目的。

（2）KPI指标具有一定的稳定性，如果业务流程基本不变，则关键绩效指标也不应做出较大的变动。

（3）关键绩效指标应当简洁明了，以便在使用过程中更容易被执行者所理解和接受。

二、平衡计分卡

平衡计分卡（Balanced Score Card，简称BSC）是企业高层常用来快速、全面考察企业业绩的一套指标体系。平衡计分卡也是一种常用的绩效管理评价工具，主要分为四个重要方面来对企业绩效管理进行衡量，包括财务指标、客户满意度指标、内部经营过程指标、学习与成长指标。

平衡计分卡将企业的战略目标放在管理体系的核心地位，以一种简单、一致的方法将其四个组成部分关联起来，对公司的各个层次的绩效水平进行定位和考核。而且这四个指标之间互为因果关系，其中客户满意度指标、内部经营过程指标、学习与成长指标，是对财务指标的补充。

平衡计分卡的使用，能够实现以下四方面的平衡：

1. 财务方面的平衡

平衡计分卡可以实现财务指标和非财务指标之间的平衡。财务指标是企业用来衡量财务状况的指标，如收入、成本、费用、资产报酬、利润等；非财务指标是指那些无法用财务数据计算的指标，如员工忠诚度、客户满意度类指标、学习与成长指标。

企业通常考核的是财务指标，对于非财务指标的考核很少，即便对非财务指标进行考核，也只是做定性考核，缺乏量化考核，缺乏系统性和全面性。

2. 企业目标方面的平衡

平衡计分卡可以实现企业长期目标与短期目标之间的平衡。企业的长期目标往往着眼于未来，短期目标往往着眼于当下，而平衡计分卡本身就是一套战略执行管理系统，可以使得企业的战略目标既能着眼于未来，又能兼顾当下，使得企业的长期利益和短期利益能够达到平衡。

3. 群体方面的平衡

平衡计分卡可以实现企业内部群体与外部群体之间的平衡。内部群体是指员工业务流程；外部群体是指股东与客户。在执行企业发展战略的过程中，平衡计分卡可以有效发挥平衡作用，将内部群体与外部群体之间的利益平衡好。

4. 结果性指标与动因性指标的平衡

平衡计分卡可以实现企业结果性指标与动因性指标之间的平衡。结果性指标是指可以说明绩效结果的指标，如滞后指标；动因性指标是指在实现企业战略时，关键领域的某些进展将如何影响绩效结果。实现结果性指标与动因性指标的平衡，可以帮助企业提前预防风险的发生。

三、目标管理法

目标管理法（Management by Objectives，简称 MBO），是企业各部门管理者与岗位员工共同决定的绩效目标，并定期检查完成目标进展情况的一种管理方式。目标管理法，重点考评的是员工工作的成效和劳动结果。

目标管理法的主要内容包括三方面，分别是有目标、有计划、有用。

1. 有目标

目标管理实施的关键在于设定企业战略目标。一个企业战略目标的确定是目标管理的起始点。之后，由企业战略目标再分解为各部门和员工的具体目标。各部门目标和员工目标是构成企业战略目标的条件，而且三方面上下一贯、左右相连，彼此制约，形成一个重要体系。目标管理的核心就在于将各个目标予以整合，使得企业全员、各部门为实现企业战略目标贡献价值。

2. 有计划

目标管理必须制订出十分详细、周密的计划。一个详细、周密的计划，应当包括目标的订立、实施目标的方针、政策及方法、程序的选择等，有了这些之后，各项工作就能有据可依，循序渐进。

3. 有用

企业目标是全员行动的方向，是企业制定、核准并监督执行的。目标从制定到实施，反映的是企业职能，同时也反映了企业和员工职位的权利和责任。目标管理作为企业管理的一种形式，使权力下放，责权利达到统一。所以，目标管理与组织建设必须相互为用，才能相互为功。

四、经济增加值

经济增加值（Economic Value Added，简称EVA），是业绩度量指标。该指标与其他指标不同之处在于：该指标考虑了为企业带来利润的所有资金成本。经济增加值绩效管理方法，是将企业内部制定的分散指标统一为一个最终指标，为企业创造价值。

经济增加值绩效管理方法在操作的时候，需要注意以下几点：

（1）在实施的时候，如果不考虑权益资本费用问题，就不能真实地反映出资本的运营效率和企业所创造的财富。因此，要充分考虑企业所用的全部资本费用，才能真实反映企业的资本保值增值情况，以及其所创造的财富。

（2）经济增加值绩效管理方法，对企业内部的财务体系提出了非常高的要求。所以，那些财务分析系统不完善、财务数据难以达到可供分析判断需求的企业，在实施该方法的时候要加以具体调整。

面对以上不同的考核工具，对于不同的岗位人群来说，只有选择最适合的工具，才能达到最佳考核效果。尤其要注意，特殊岗位考核不能采取"一刀切"的方法。

以下是根据不同人群特性，推荐的考核工具，如表5-7所示。

表5-7 根据不同人群特性，推荐的考核工具

人群类别	推荐考核工具	主要考核内容
通用	素质考核	岗位相关的基础素质
高层领导	目标管理考核	年度经营任务完成情况
中层管理	平衡计分卡考核	本部门业务指标及团队管理任务
销售人员	目标管理考核	销售任务，包括销售额、销售利润等
研发人员	关键绩效指标考核	研发的质量、成本、进度、创新等
职能人员	目标管理考核/关键绩效指标考核	当期重点任务、日常工作KPI
生产操作	关键绩效指标考核	根据岗位职责设计达标标准，完不成扣分

五、360度考核

360度考核（360° Feedback），是绩效考核中最常见的考核方法之一，这种方法与其他方法相比，更加公平、公正、公开。在这种考核形式下，一个员工的工作行为信息来源于其周围的所有人，包括员工本人、同事、下属、外部客户等，考核主体也由这些人组成，通过对这些主体的调查问卷进行系统汇总和信息反馈，得出被考核对象的考评结果，这就是所谓的"360度考核"。

在实施360度考核的时候，应当把握以下几个要点：

（1）因为要收集一个员工工作行为的信息量很大，如果一个企业被考核的人数较多，就需要有一个较好的考评系统做支撑。

（2）在选择考核主体时，要选择那些真正与被考核者相关的人员，并注重对他们的培训，避免出现因为个人主观因素而打分的现象。

（3）360度考核方法实施前，一定要提前告知员工。如果在评价过程中或者评价之后再告诉员工，其评价结果将用于对其进行绩效考核，这样会使员工对管理层的信任大打折扣。

第六章
绩效结果分析与评估：有效评估考核成员的业绩情况

对绩效结果进行分析，可以很好地判断员工的绩效情况，并为后续工作的开展打下良好基础。因此，绩效结果分析，是绩效管理实施过程中十分关键的动作。通过对绩效结果进行分析与评估，可以帮助员工做好个人能力、业绩总结，以此作为未来提高工作能力、工作业绩的重要依据。

第一节 绩效结果分析的内容

对绩效考核结果进行分析，有助于后续绩效考核结果的应用。绩效考核结果分析，是对整个企业的绩效情况进行全面分析。通常，绩效结果分析可以从三个方面进行，分别是员工绩效结果分析、部门绩效结果分析、企业绩效结果分析。这三种绩效结果分析，共同组成了绩效结果分析的内容，实现了由个人到组织绩效结果的深入洞察。

一、员工绩效结果分析

员工绩效结果分析，通常在进行结果评估的时候同时进行，这样可以对每个员工考核指标的打分情况进行分析。

绩效结果分析的目的，并不是追究员工的责任。做绩效结果分析，其分析的情况可以作为打分依据；可以确定当前员工的考核结果与预期绩效结果之间的差距，发现绩效问题，并对问题进行针对性改进。通常，员工的绩效结果分析，可以从考评等级、考核规范度、部门、职级等级等方面进行分析。

1. 考评等级分析

考评等级分析，主要是分析考评等级的总体分布情况，可以从两个角度进行分析。

（1）考评等级的分布，是否符合公司的强制等级分布结果。

通常，企业无论对于给员工发奖励，还是评优秀、职位晋升，都有一定的名额。而这个名额是有限的，所以只有强制分布，将员工按照绩效考核结果进行等级划分，才能依此作为后续给员工发奖励、评优秀、职位晋升的参考依据。

（2）考评等级的分布，是否符合正态分布的规律。

第六章 绩效结果分析与评估：有效评估考核成员的业绩情况

为什么考评等级要呈正态分布？通常，在做绩效考核方案时，会将员工的考核分数按照一定的等级排序，并且对每个等级进行人数限定。处于不同等级的员工，会与高低不同的薪资挂钩，从而很好地将员工的绩效等级做了正态分布。根据这个考评等级的正态分布，可以对员工进行奖惩，使得从表面上看绩效考核的分数分布是合理的，运行是正常的。

正态分布，是为了区分绩效优秀与绩效较差的员工。根据"二八定律"，20%的优秀员工，创造了80%的业绩。

案例：

某公司销售部门的某次考核成绩中，卓越（S等级，90分以上）的人，占总考核人数的1%；成绩优秀（A等级，90~80分）的人，占总考核人数的60.7%；合格（B等级，79.9~70分）的人，占总考核人数的24.8%；需改进（C等级，69.9~60分）的人，占总考核人数的5%；不合格（D等级，60分以下）的人，占总考核人数的8%。该考核成绩没有采取强制分布。

事实上，较合理的等级分布比例应为：卓越（S）10%、优秀（A）20%、合格（B）50%、需改进（C）15%、不合格（D）5%。而本期考评等级呈现出不合理的等级分布。

以下是该公司，没有采取强制分布的考评等级分布与采取强制分布后的标准的考评等级正态分布对比图，如图6-1所示。

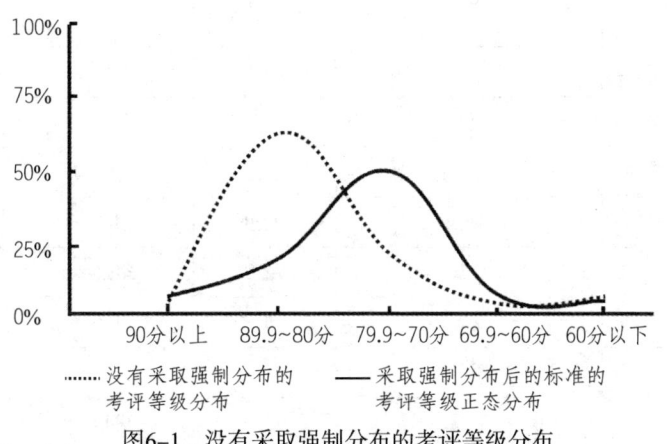

图6-1 没有采取强制分布的考评等级分布
与采取强制分布后的标准的考评等级正态分布对比图

由此可见，不合理的考评等级分布，主要在于该企业销售部门得A的比例过高。

2.考核规范度分析

考核规范度分析，主要是针对考核过程和考核结果两方面的规范情况进行分析。具体而言，可以从以下两个角度进行分析：

（1）及时性。

及时性分析，主要针对绩效计划的制订是否按时完成、绩效计划是否按时提交、绩效沟通是否顺畅等。

（2）过程规范度。

过程规范度的分析，主要包括考核材料是否准备完整、所有的考核内容是否按照考核程序完成等。

案例：

以下是某企业在进行员工绩效结果分析时，常用的考核规范度分析示例表，如表6-1所示。

表6-1 某企业常用的考核规范度分析示例表

序号	部门	未达成目标说明填写份数	占总份数比率（%）	总份数	填写质量
1	财务部	8	44.4	18	一般
2	采购部	5	6.4	78	差
3	生产部	25	86.2	29	良
4	生管部	20	90.9	22	优秀
5	品管部	35	72.9	48	良
6	仓管部	17	34.7	49	一般
7	销售部	27	33.7	80	一般
	合计	137	42.3	324	

3. 部门分析

部门分析，主要是看各部门的考评等级或分数的分布情况，关注各部门考评尺度的一致性。

部门分析，主要从以下三个角度进行：

（1）每个部门员工考评等级的分布情况。

（2）每个部门员工考评分数的分布情况。

（3）如在非强制比例分布情况下，各部门员工考评结果的对照。

案例：

以下是某公司在做部门分析时，得出的各部门员工考评结果对照表，如表6-2所示。

表6-2 某公司各部门员工考评结果对照表

部门	卓越 人数	卓越 占比	优秀 人数	优秀 占比	合格 人数	合格 占比	需改进 人数	需改进 占比	不合格 人数	不合格 占比	合计
财务部	5	17.2%	5	17.2%	7	24.1%	9	30.0%	3	10.3%	29
采购部	4	19.0%	5	23.8%	3	14.3%	6	28.6%	3	14.3%	21
研发部	5	16.2%	7	22.6%	10	23.3%	6	19.4%	3	9.7%	31
生产部	7	15.2%	15	32.6%	8	17.4%	15	32.6%	1	2.2%	46
仓储部	3	14.3%	5	23.8%	6	28.6%	4	19.0%	3	14.3%	21
销售部	8	42.1%	5	26.3%	3	15.8%	2	10.5%	1	5.3%	19
合计	32	19.2%	42	25.1%	37	22.2%	42	25.1%	14	8.40%	167

从表6-2中不难看出，该公司销售部的考评比例，存在严重不均衡的情况，卓越及优秀人数所占比例过高。

4. 职级分析

职级分析，主要是考察不同职级间的绩效等级结果的分布情况。如果部门主管作为绩效考评人，考评可能会向高职级的骨干倾斜，这样，在强制比例分布的情况下，低职级的员工可能会承担更多的低绩效的比例。

职级分析，可以从以下角度进行：

（1）不同部门的考核结果分布情况。

（2）不同层级的考核结果分布情况。

案例：

以下是某企业各级员工考评结果分布分析表，如表6-3所示。

表6-3 某企业各层级员工考评结果分布分析表

层级	职级	类别	卓越	优秀	合格	待改进	不合格	合计
基层	8	人数	7	15	24	9	2	57
		比例	12%	26%	42%	16%	4%	100%
	9	人数	8	26	31	6	2	73
		比例	11%	36%	42%	8%	3%	100%
	10	人数	4	13	18	5	3	43
		比例	9%	30%	42%	12%	7%	100%
	合计	人数	19	54	73	20	7	173
		比例	11%	31%	42%	12%	4%	100%
中层	11	人数	2	6	8	4	0	20
		比例	10%	30%	40%	20%	0%	100%
	12	人数	2	5	7	3	0	17
		比例	12%	29%	41%	18%	0%	100%
	合计	人数	3	7	10	3	0	23
		比例	13%	30%	43%	44%	0%	100%

根据表6-3中的数据分析，可以明确：基层员工整体情况尚可，但9职级员工严重挤占了8职级员工的优秀比例。中层员工中的所有人都没有被评为不合格，这显然不符合正态分布，要考虑考核者是否存在做"老好人"，进而出现高层不敢对其进行淘汰的情况。这一点需要后续做相关调查和进一步分析。

5. 等级分析

等级分析，即按绩效等级分析，对那些绩效考核结果异常的员工绩效数据进行分析。重点在于观察绩效的持续性，或绩效异常情况中存在的规律。

等级分析，可以从以下角度进行：

（1）持续高绩效员工的情况。

（2）持续低绩效员工的情况。

（3）绩效忽高忽低员工的情况。

案例：

以下是某公司物料部每位员工的绩效等级趋势表，如表6-4所示。

表6-4　物料部每位员工的绩效等级趋势表

姓名	一月	二月	三月	四月	五月	六月	七月	八月	九月	十月	十一月	十二月
刘岚	优秀	卓越	优秀	合格	优秀	优秀	卓越	优秀	优秀	卓越	优秀	优秀
王潇	良好	良好	优秀	良好	优秀	优秀	优秀	卓越	卓越	不合格	不合格	不合格
孙明明	良好	合格	良好	良好	良好	合格	合格	良好	优秀	优秀	良好	良好
徐铭泽	优秀	优秀	卓越	优秀	良好	合格	优秀	优秀	优秀	优秀	良好	良好
付慧	良好	良好	优秀	良好	良好	优秀	卓越	卓越	卓越	卓越	卓越	优秀
赵金金	不合格	合格	合格	良好	良好	合格	合格	良好	良好	优秀	合格	良好
马明阳	良好	合格	良好	合格	合格	不合格	不合格	不合格	不合格	良好	良好	合格

从表6-4中物料部每位员工的绩效趋势不难发现，王潇作为一位优秀员工，在十月的时候，突然出现绩效突变，要着重分析其绩效突变的原因。付慧同样是一位优秀的员工，他能够在七月到十一月，保持连续五个月卓越绩效，一定要将付慧作为重点关注员工。马明阳在考核的过程中，绩效长期处于中下水平，尤其是从六月到九月，连续四个月绩效成绩不合

格，需要对其采取相应的管理措施，帮助其进行绩效改进。

二、部门绩效结果分析

部门绩效结果分析，是绩效结果分析中的重要组成部分。做部门绩效结果分析，不但包括不同部门之间的等级比较，还包括部门内部各个绩效要素的分析。

1. 部门KPI分析

部门KPI分析，是按照部门的绩效考核等级，以及KPI的完成情况，对企业的各个部门进行纵横排序。这样，管理者在统计各部门的绩效考核情况时，可以非常清晰地从部门KPI完成情况表中，判断出企业各部门的优势与短板，进而对那些绩效差的部门，重点采取相应措施，提升其绩效能力。

案例：

某电器生产公司，为了进一步提升公司全员的绩效业绩，进而提升市场竞争力，特对2020年上半年度，各部门KPI的完成情况做了一张表格，如表6-5所示，从而以此为依据，判断企业内部哪个或哪些部门存在短板，需要改进和提升。

表6-5 某电器生产公司2020年上半年各部门KPI的完成情况表

部门	绩效目标 KPI数量	绩效目标 权重	完成情况 KPI数量	完成情况 权重	考核等级
物料部	10	100%	10	100%	优秀
研发部	10	100%	10	100%	优秀
生产部	9	100%	8	90%	良好
销售部	10	100%	10	100%	优秀
财务部	9	100%	6	70%	合格
人力资源部	10	100%	6	60%	待改进

从表6-5可以看出，通过各部门KPI结果对比，该电器公司的人力资源部门和财务部的绩效等级较低。这两个部门都是职能部门，定性指标要高于定量指标。所以企业可以考虑在绩效考核指标及其权重的设计方面是否存在一定的偏差，是部门本身绩效能力欠佳，还是考核制度存在问题。

通过对这两个方面的问题分析，管理者可以从中找到问题的症结所在，进而制订出绩效改进计划，并让这两个部门按照绩效改进计划执行。

2. 部门要素分析

部门要素分析，就是对那些影响部门绩效的各个要素进行分析，以此确定部门绩效的分布情况和分布规律，找出部门当前存在的绩效问题。之后，再通过分析与研究，寻找解决方法，进而提高部门的整体绩效能力。

做部门要素分析，通常从以下三个方面入手：

（1）内部员工考核等级的分布情况。

（2）内部员工考核分数的分布情况。

（3）内部员工绩效考核结果的比较。

案例：

以下是某文化传媒公司2020年第三季度，各部门员工考核结果对照表。如表6-6所示。

表6-6 某文化传媒公司2020年第三季度各部门员工考核结果对照表

部门	参加考核人数	考核等级分布				
		A（优秀）	B（良好）	C（合格）	D（待改进）	E（不合格）
财务部	16	1（6%）	3（19%）	8（50%）	3（19%）	1（6%）
策划部	18	2（11%）	6（34%）	4（22%）	2（11%）	4（22%）
制作部	55	8（15%）	20（36%）	15（27%）	8（15%）	4（7%）
业务部	44	4（9%）	16（37%）	11（25%）	8（18%）	5（11%）
人力资源部	10	1（10%）	3（30%）	3（30%）	2（20%）	1（10%）
合计	143	16（11%）	48（34%）	41（29%）	23（16%）	15（10%）

从表6-6中的绩效数据可以看出，该文化传媒公司的财务部门，有一半员工的绩效考核才达到了合格等级，而策划部的员工中，有22%的人为不合格，绩效不合格的人数较多。可以对这两个部门的绩效考核结果进行进一步分析，找出其问题所在。

三、企业绩效结果分析

企业绩效结果分析，是在一定的考核周期内，对企业的任务完成情况，包括数量、质量、效率等进行分析。企业绩效结果分析，是对企业的整体绩效进行检视。通常情况下，企业绩效结果分析，主要是基于个人绩效和部门绩效的指标、岗位、职能等进行横向与纵向分析。

1. 指标分析

在进行指标分析时，通常会选择企业内通用的考核指标或几个部门之间共用的绩效考核指标，进行横向与纵向分析。通用绩效考核指标，如企业内的核心员工主动离职率、部门氛围满意度等。

案例：

某企业从2019年年底开始，几乎每个部门都有企业骨干主动从公司请辞。人力资源部将这种情况上报给上级领导。上级领导要求人力资源部找出其中的原因，并制订相应的改进方案，杜绝这种人才快速流失的现象。

以下是该企业人力资源部，对该公司2020年上半年核心员工主动离职率与部门氛围满意度指标的横向对比分析，如图6-2所示。

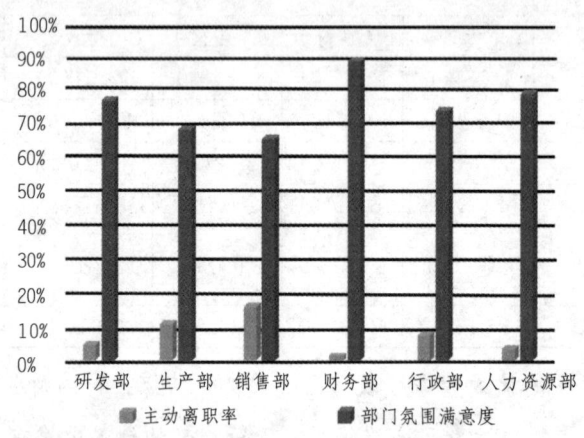

图6-2 某公司2020年上半年核心员工主动离职率与部门氛围满意度指标的横向对比分析

从图6-2中不难看出，生产部和销售部的骨干员工主动离职率比较高，员工对部门的氛围满意度比较低。财务部和人力资源部的骨干员工主动离职率比较低，员工对部门的氛围满意度比较高。所以，管理者应当对生产部和销售部进行进一步剖析，找出这两个部门骨干员工离职的原因。

2. 岗位分析

岗位分析，即对不同岗位的绩效考核结果进行分析。

案例：

某企业对内部岗位的绩效考核情况做对比分析，以下是该企业2020年上半年各岗位绩效考核结果对照图。如图6-3所示。

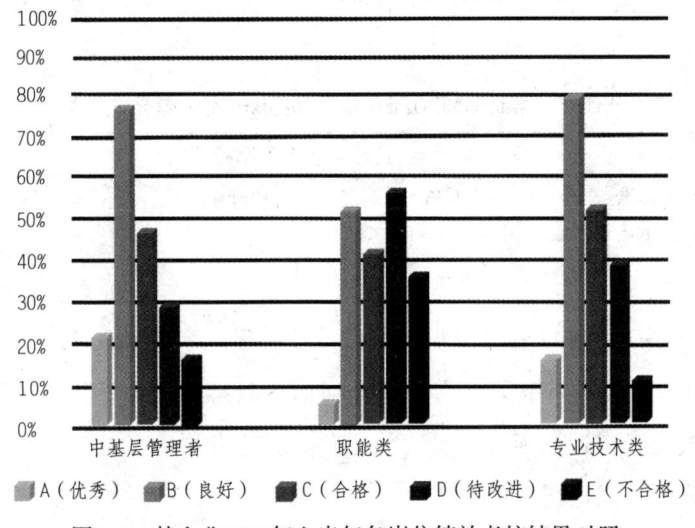

图6-3 某企业2020年上半年各岗位绩效考核结果对照

从图6-3中，我们发现，该企业的职能类岗位的绩效考核结果显示，优秀与良好员工的比例远低于待改进和不合格员工的比例，明显属于异常情况。人力资源部需要对这种异常情况进行进一步分析，找出原因。

3. 职能分析

职能分析，即在相同职能领域的不同团队之间进行绩效考核结果分析。虽然是不同的团队，但在同一个职能领域，所以工作性质有很多相似的地方，其绩效考核指标也具有一定的可比性。所以，做职能分析，对同一职能领域，不同团队的绩效考核结果进行对比分析，有利于找到绩效结果较差的团队，并对其短板进行针对性改进，以达到提升整个职能领域的绩效能力和业绩的目的。

案例：

某玩偶制造商，近半年来，客户反映产品质量不合格率上升，因此受到客户的投诉。这使该玩偶制造商的形象大幅下跌。为了严厉整顿生产部门的生产经营行为，提升产品质量，人力资源部根据生产部门的绩效情况，专门做了一次职能分析。以下是该制造商2020年生产部门KPI完成情况对照表，如表6-7所示。

表6-7　某制造商2020年生产部门KPI完成情况对照表

对比项目	一号生产车间	二号生产车间	三号生产车间
生产完成率	100%	90%	80%
产品质量达标率	99%	98%	88%
客户投诉次数	1次	3次	9次

从表6-7中可以看出，生产部门一号车间的各项KIP完成情况普遍高于二号车间和三号车间。三号生产车间的各项指标完成情况都明显低于一号和二号生产车间，而且有很大的差距。管理者要着重对三号生产车间进行绩效诊断，找出问题所在。

第二节　绩效考核评价的三大方法

绩效考核是针对企业中每个员工所承担的工作，用科学的方法，对员工的实际工作情况及为企业带来的贡献或价值进行考核和评价。

在企业对员工进行绩效考核的时候，考核人员应当掌握有效的考核方法，这是实施绩效考核强有力的重要手段。

一、评级量表法

评级量表法是绝大多数企业常用的一种绩效考核方法。评级量表法是将被考核者的绩效分成若干个项目，每个项目后设置一个量表，由考核者做出考核。评级量表法之所以在绩效考核中受欢迎，是因为这种方法对于考核者而言，极易完成，而且费时少，有效性高。

评级量表法还有一个特点，就是能够将员工绩效的每一个因素都反映出来，从总考核成绩中，可以看出员工绩效增长与否、员工能力提升与否。

每个企业可以根据自己所在行业的特点，制作出一些量表作为对员工评价的依据。量表可以制作复杂些，也可以简单些，只要能真实测出员工绩效考核结果就行。评级量表法可以满足很多考核目标，因为根据这个方法得出来的绩效结果，可以作为对被考核者调薪、调岗的依据。

当然，评级量表法也存在一定的缺陷。即在使用这种方法进行考核时，那些过于中庸或者过于不严谨的考核者，会将每个人的项目评为高分或平均分。多数评级量表并不是针对某一特殊岗位，而是适用于企业的所有部门和所有岗位。同时，评级量表法也容易使考核者因为自己的主观想法和偏见，使得被考核者获得的评价失真。

二、关键事件法

关键事件法，是绩效考核过程中用于收集工作分析信息的方法。主要是针对某一岗位工作中的关键事件：一种是做得特别好的工作；另一种是做得不好的工作。在预定的时间（通常是半年或一年之后），由考核者和被考核者根据前期做好的相关记录讨论相关事件，为员工的绩效测评提供依据。

这里讲的关键事件，是指在工作过程中，使员工考核产生显著影响的事件，通常关键事件对工作的结果有决定性影响，关键事件基本上决定了工作的成功与失败、盈利与亏损。

1. 关键事件法实施的重点

关键事件法实施的过程中，包含三个重点：

（1）观察。

（2）以书面形式，记录员工所做的事情。

（3）有关工作成败的关键性原因。

2. 借助关键事件法做绩效评价的步骤

基于以上三个重点，借助关键事件法做绩效评价，应做好以下几步：

第一步，情境，要明确这件事情发生时的情境是怎么样的。

第二步，目标，要明确被考核者为什么要做这件事。

第三步，行动，明确当时被考核者所采取的是什么行动。

第四步，结果，明确被考核者采取这个行动，获得了什么样的结果。

3. 采取关键事件法的注意点

（1）关键事件具有岗位特性，即在不同岗位工作的员工，关键事件有所不同。

（2）关键事件的数量不能强求，识别清楚后，是多少就是多少。

（3）关键事件的表述应当言简意赅、清晰准确。

（4）关键事件的调查次数不宜太少。

三、行为锚定等级评价法

行为锚定等级评价法，也称为行为定位法，亦是一种常用的考评方法。该方法实际上是对同一职位可能发生的各种典型行为进行评分度量，然后建立一个锚定评分表，以此为依据，对员工工作中的实际行为进行测评分级。

行为锚定等级评价法，实质上是将关键事件法与评级量表法相结合，因此兼具两者的优点。行为锚定等级评价法是关键事件法的拓展和应用。行为锚定等级评价法将关键时间和等级评价有效地结合起来，通过一张行为等级评价表，可以发现同一个绩效维度中存在一系列的行为，每种行为分别表示这一维度中的特定绩效水平。当绩效水平按等级量化后，可以使考评结果更加有效和具有公平性。

行为锚定等级评价法存在的价值，就是将一个等级评价表，特别优良、特别劣等的绩效叙述等级量化，从而将关键事件法和评级量表法相结合。

1. 行为锚定等级评价法的实施步骤

使用行为锚定等级评价法，要用以下步骤来实现：

第一步，进行岗位分析。获取关键事件，以便对那些代表优良绩效或非优良绩效的关键事件进行描述。

第二步，建立评价等级。通常，分 5~9 个等级，将关键事件归并为若干绩效指标，并确定确切定义。

第三步，对关键时间重新分配。由另一组管理人员对关键事件作出重新分配，把这些指标归入最适合的绩效要素指标当中，确定关键事件的最终位置，并确定出绩效考核评价指标体系。

第四步，对关键事件进行评定。审核绩效考评指标登记划分的正确性，将绩效指标中包含的重要事件，按照从优到劣、从重要到次重要的顺序排列。

第五步，建立最终的工作绩效评价体系。

2. 行为锚定等级评价法的优缺点

（1）优点。

①可以向员工提供企业对他们绩效的期望水平和反馈意见，具有良好的连贯性和较高的信度。

②绩效考评标准比较明确。

（2）缺点。

行为锚定等级评价法的缺点也是显而易见的。设计锚定标准比较复杂，而且考核某些复杂工作，尤其是那些工作行为与效果联系不太明确的工作时，容易着眼于对结果的评定，忽略对锚定事件的考核。

四、强制分布法

强制分布法，就是企业依照自身战略政策，制定出固定的绩效等级比例。通过员工的考核结果，将员工分到相应的等级。

强制分布，就好比是将一个苹果分给8个人，如何才能把这个苹果很好地分给8个人，并让每个人都没意见呢？答案就是根据长幼先分、女士优先、胖少瘦多的原则进行分配。这样大家才会对这种分配方法一致认同。这就是强制分布。强制分布法，又叫作正态分布法。

1. 强制分布法的操作方法

强制分布法，是根据某些绩效评价要素，将员工的绩效层级，按照从优到劣的顺序排列。具体来讲，强制分布法考评的操作步骤是：

第一步，事先确定好等级，A（优秀）、B（良好）、C（合格）、D（待改进）和E（不合格）。

第二步，根据每个部门员工的绩效考核标准，对员工进行百分制评分。

第三步，去掉每个员工的最高分和最低分，求出每个员工的平均分。

第四步，将每位员工的平均分相加，再除以部门员工人数，得出所有员工的绩效考核平均分。

第五步，将每位员工的平均分除以部门的平均分，就可以得到一个标准化的考评得分。凡是标准分为1或接近1的员工，为中等考评等级；那些大于1的员工，则获得优秀考评；那些低于1的员工，则获得不及格的考评。根据这种计算标准分的方法，可以合理地确定被考核者的绩效考评结果，并根据不同等级员工人数，确定绩效考核结果的分布形式。

强制分布法，呈现的特点是两头小，中间大。即两级的优秀员工和不合格员工，所占比例都不大；中间成绩居中的员工占大多数，从而形成正态分布图。如图 6-4 所示。

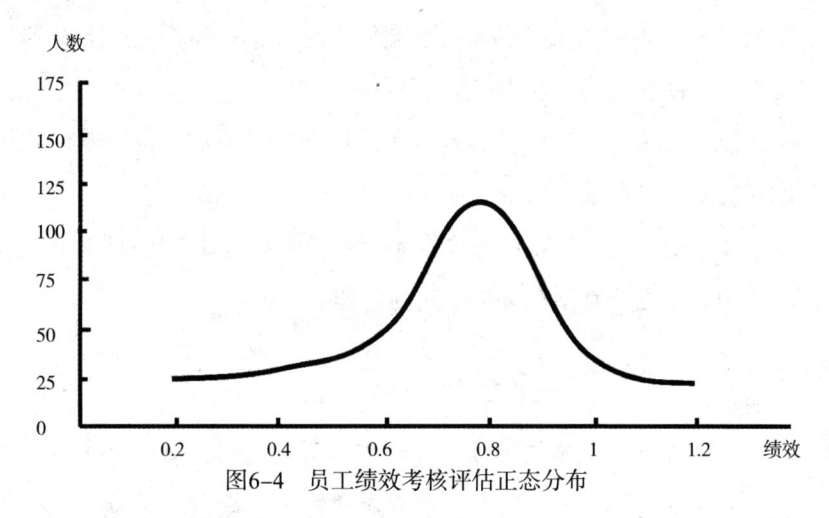

图6-4 员工绩效考核评估正态分布

2. 强制分布法的优缺点

（1）优点。

①树立标杆，强化等级意识。很多企业管理松散，员工吃大锅饭现象严重。员工干多干少，干好干坏，结果没多大区别，甚至可能一个样，长此以往就没人愿意继续努力。强制分布法对员工绩效情况进行评估，将员工按照绩效情况，分为不同的等级。这样就能将表现优秀和表现较差的员工明显区别开来。对于那些绩效差的员工，既是一个警醒，也是一个推动其付出更多努力换取更好业绩的动力。有效提升了员工的等级意识。

②合理引导，提升优良比例。有了强制分布法，就能将员工的优良、差劣做出明确的评定，员工的优良、差劣比例一目了然。相信每个人都希望自己能够获得优秀，拿到奖励，没有人甘愿当那个成绩永远在末位的人。这样，那些绩效成绩落后者，就会奋力向前追赶，有效提升了企业员工绩效等级的优良比例。通过强制分布法，可以引导一些非理性的管理者，在评价体系上更加贴近"人的能力是符合正态分布"的这种假设。这种强制分布的方式，可以避免评估过程中出现考核者按照个人主观喜好，将员工随意进行等级划分的现象。

（2）缺点。

①如果员工的业绩水平事实上不遵从正态分布，那么按照考核者的设想对员工进行硬性区别容易引起员工不满。

②只能把员工分为有限几类难以具体比较员工差别，也不能在诊断工作问题时提供准确可靠的信息。

③不能明确告诉员工以后怎样做才能做好，即绩效改进反馈功能差。

④采用该方法非常不利于员工间的合作。

案例：

今年第三季度，某公司要评优，每个部门只有两个名额，部门经理可以将优秀员工推荐到人力资源部。这在很多时候，会被理解为，每个部门的员工，谁能被评为优秀员工，部门经理说了算。

等到评选结束后，公司要发第三季度的奖金时，分为10000元、1000元、100元三个等级，直接由公司老板做决定。所以，员工总是说，自己干得好，不如和领导关系好。

显然，强制分步法在应用的时候存在一定的弊端。绩效考核结束了，分数也出来了。但到了要给员工进行绩效等级排名时，按照分数员工有一个名次，由于领导的喜好，以及与领导的关系，在领导心中员工又有另外一个名次。这就是强制分布假公济私，替代了绩效考核。

由此，也会出现失衡现象，即有的员工绩效不佳，却因为部门经理或领导的主观喜好，而被评上优秀或良好。这种情况会影响真正绩效好的员工怠工或离职。

第七章
绩效反馈：助力考核达到预期目的

绩效反馈和改进，是绩效评估工作中最关键的一环。在绩效反馈过程中，考核者要有敏锐的洞察力和必要的工作能力，应做到及时发现、及时沟通、及时反馈。落实到被考核者身上，则需要做好及时改进。考核者和被考核者之间协调合作，才能实现企业绩效评估的预期目标。

第一节 反馈价值：有效监控绩效管理落地情况

绩效反馈，是绩效管理中必不可少的一个环节。绩效反馈能为被考核人员指明方向，帮助被考核人有效提升自身绩效，帮助企业提升整体绩效。绩效反馈的真正价值，在于有效监控绩效管理落地情况，并对未来绩效更好地实现打下良好的基础。

一、绩效反馈内容

绩效对于员工来讲，一直都是其关心和敏感的问题。在绩效反馈过程中，员工很容易产生一种自我防卫或者敌对的心理情绪，甚至会与考核人员之间发生争执。这不仅不能达到绩效评估的预期目标，还会影响考核者与被考核者之间的关系，使得绩效考核工作执行的过程难上加难。

要想解决这些问题，首先要明白绩效反馈的内容主要包含哪些？

1. 谈工作业绩

考核者对绩效评估结果的通报，使被考核者能够有效明确其绩效表现，在整个企业和部门中处于什么样的位置。这对被考核者绩效水平的提升有很好的促进作用。在考核者和被考核者沟通时，考核者应该有效关注被考核者的优势，不但要公布考核结果，还要耐心倾听考核者自己的看法，并按照综合得出的结果，对被考核者的下一期工作任务和目标进行调整。

2. 谈改进措施

对于考核者而言，对被考核对象进行评估，可以提升被考核者的绩效，找到被考核者与其他人的差距，并做好准确分析，才能对被评估者有所触动和影响。与此同时，他们才会对考核者制定的相关改进措施加以认可。

3.谈行为表现

除了绩效结果以外，考核者还应当关注被考核者的行为表现、工作态度、工作能力，并帮助被考核者更好地提高工作技能、不断完善自我，并为被考核者做职业生涯规划。

4.谈新的目标

绩效反馈的目的，是让被考核者了解自己在本次绩效考核周期内，业绩是否达到期望目标，行为、态度是否合格。由于被考核者的性格特征、文化背景、智力水平、认知需求、成长背景有所不同，就会导致考核者采取同样的方式，对同样的评估结果进行反馈，被考核者却出现不同的反应。为了达到积极的效果，考核者在进行反馈之前，要对被考核者进行多维度研究，针对不同的员工，采取不同的反馈方式。

其中，对被考核者进行多维度研究，观察是最直截了当的方法。考核者可以对被考核者的行为举止、言谈习惯等进行观察，剖析其在工作中的表现；通过被考核者在工作中与他人交往时的表现，判断其性格特征。

观察被考核者，通常包括以下三种方法：

（1）直接了解。

在日常工作中，可以通过与被考核者的工作接触，深入了解被考核者，认识被考核者。

（2）间接了解。

由于很多时候，被考核者会有很多不易于从外表被人发掘的特点，这就需要考核者通过别人口中的评价，判断和了解被考核者。

（3）性格类型测试。

现在有许多比较科学、规范的测试方法，如通过问卷调查的方式，科学掌握被考核者的性格特征。

二、绩效反馈原则

很多考核人员在做绩效反馈时，会感到压力很大。对于高绩效员工，担心沟通不好,员工会骄傲不前;对于低绩效员工,又担心炮弹不足,难以说服其不断改进和提升,进而引发对立和冲突。现实中,做绩效反馈总是不能尽如人意。做好绩效反馈工作,对企业开展绩效考核十分重要。

在实际操作过程中,考核者需要遵循以下六原则:

1. 经常性原则

考核者应当经常做绩效反馈工作,这样做,主要有两方面原因:

一方面,管理者一旦意识到员工在绩效考核中存在的缺陷,就有责任立即纠正;另一方面,绩效反馈工作是否能有效开展,取决于被考核者对评价结果是否认同。

2. 对事不对人原则

在开展绩效反馈工作时,考核者和被考核者应该讨论和评估的是被考核者的工作行为和工作绩效,即被考核者在工作中的一些表现,而不是讨论被考核者的个性特点。

3. 多问少讲原则

考核者与被考核者进行绩效沟通时,要遵循"二八法则",80%的时间留给被考核者,20%的时间留给自己。给自己的这20%的时间内,可以将80%的时间用来对被考核者提问,20%的时间用来对被考核者进行工作指导。因为被考核者比考核者更加清楚,自己在本职工作中存在的问题。

4. 着眼未来原则

绩效反馈工作中,很大一部分内容,是对过去的工作绩效进行回顾和评估,但这并不意味着所有的工作都聚焦过去。之所以谈论过去,其目的就是从过去的情况中,总结出一些对未来发展有用的东西。所以,考核者在开展绩效反馈工作时,要秉承着眼未来的原则。

5. 正面引导原则

不论被考核者的绩效考核结果好还是坏,考核者都应当给被考核者多一些鼓励,让其感觉到自己虽然绩效成绩不理想,但得到了一个客观认识自己的机会,找到了自己接下来要努力的方向,并且能够得到部门主管的帮助。这样，被考核者会用一种积极向上的心态去完成接下来的工作和任务。

6. 制度化原则

实施绩效反馈，需要建立一整套制度。在相应制度的保障下，才能保证其能够持久地发挥应有的作用和价值。

三、绩效反馈方式

反馈的过程，其实也是一个沟通的过程，并且沟通方式多种多样，可以根据被考核者个人情况的不同进行相应的选择。

常用的绩效反馈方式有以下三种：

1. 面谈式反馈

面谈式反馈，是企业开展绩效管理活动中常用的一种反馈方式。这种反馈方式，主要是通过面对面的形式进行交流和沟通。这种一对一的沟通方式，能很好地把握被考核者的情绪，更能有效解决在沟通过程中出现的冲突和矛盾。

2. 讨论式反馈

讨论式反馈，是将评估结果放在一个特定的群体中进行讨论。这样做，可以很好地避免因主观认知而引发的错误，可以有效避免误差的产生。此外，还能对整个讨论过程形成会议记录，便于日后使用。这种群体式的反馈方式，在实施的过程中，应当注意以下四点：

（1）要选择合适的群体进行讨论，如同一部门的员工，不同部门的同一层级员工。

（2）在讨论之前，一定要营造一个轻松、融洽的氛围。

（3）努力使讨论达成结果，并使被反馈人员毫无怨言。

（4）将结果存档。

3. 信函式反馈

信函的形式有两种，一种是电子信函，另一种是纸质信函。企业可以通过内部局域网，开辟一个讨论板块，员工无论对自己的评估结果是否满意，都可以将其在讨论板块表达出来，让所有员工都参与到其中进行讨论。

当然，主管部门或人力资源部门，也要对该员工的要求或意见做出回应。这种反馈形式，无论在时间，还是在空间上都不受限制，主管与员工之间的沟通能及时进行，有效克服了面谈形式给员工带来的压力。员工借助这种方式，能够准确地表达出自己的想法和意见，有效增加了反馈的互动性。

第二节 反馈流程：有效的反馈对绩效管理大有裨益

对于不少考核者而言，为被考核者做绩效考评，是一件让人头疼的事情。其中，最让考核者感到难操作的，就是绩效反馈过程中的沟通与指导。事实上，好的绩效反馈能够激发被考核者的主观能动性，让其明白自身不足与优势，从而为进一步改进与发展打下基础。所以，掌握绩效反馈流程，对考核者的日常工作大有裨益。

一、做好充分准备

要想做好绩效反馈工作，首先就需要提前做好充分准备。由于做绩效反馈是在考核者与被考核者之间进行，所以，双方都应该为绩效反馈做好各自的准备。

1. 选择合适的面谈时间

选择什么时间进行绩效反馈面谈，是非常关键的一个环节。考核者在选择时间时，通常需要围绕以下四个问题来做：

（1）选择考核者和被考核者都有空闲的时间段。

如果选择的时间段，一方或双方之前还安排了其他事情，那么彼此都难以集中注意力做好绩效反馈面谈工作。

（2）尽量不要选择接近下班的时间。

在接近下班的时候，员工往往归心似箭，难以集中精力去与考核人员进行交流。

（3）考核者应当选择一个可以专心去做绩效反馈面谈的时间。

在这个时间段内，考核者不要被其他事情打断，使得绩效反馈面谈工作不要被其他事情所影响。

（4）考核人员提出的绩效反馈面谈时间应当征得被考核者的同意。

这样，一方面可以起到双方约定时间的作用；另一方面可以让被考核者感觉自己被尊重。另外，还应当计划好绩效反馈面谈的时长，这样有利于其他工作的安排，给绩效反馈面谈留下足够多的时间。

需要注意的是，考核者不要带着情绪与被考核人员进行绩效反馈面谈。

2. 选择合适的面谈地点

绩效反馈面谈工作开展的过程中，考核人员和被考核人员进行面对面沟通，需要一定的面谈场地。

（1）办公室。

通常，考核者的办公室是最常用的绩效反馈面谈场地。但办公室往往是一个严肃、正式的场合，在办公室做绩效反馈面谈工作，会给人一种上下级感觉，容易给员工造成层级压力。此外，办公室内还会受到各种打扰，如电话、来访客人等，在办公室内开展绩效反馈面谈工作，会有一定的局限性。

（2）小型会议室。

很多企业会设有小型会议室，这里能容纳3~4人，而且室内布置比较轻松和谐。这里没有嘈杂的电话声，没有堆成山的文件，也没有高速运转的电脑，考核者和被考核者可以坐在一起，喝上一杯茶，每个人都可以放松心情、敞开心扉谈话。

3. 谈话座位的选择

在面谈的时候，还应当注意安排好谈话双方的空间和距离。距离太近，会使人感觉自己的私人空间受到了侵犯，进而产生一种压抑感；距离太远，沟通的过程中无法清晰地获取相关信息。以下是几种面谈座位位置可供参考：

（1）圆桌会议形式。

这种形式是考核者和被考核者分别坐在圆桌的圆周上，如图7-1所示。

图7-1　考核者和被考核者分别坐在圆桌的圆周上

（2）方桌形式1。

这种座位方式是考核者与被考核者呈一定的角度而坐，如图7-2所示。

图7-2　考核者与被考核者呈一定的角度而坐

（3）方桌形式 2。

这种形式是考核者与被考核者相对而坐，距离较近，如图 7-3 所示。

图7-3　考核者与被考核者相对而坐

（4）方桌形式 3。

这种形式是考核者与被考核者相对而坐，距离较远，如图 7-4 所示。

图7-4　考核者与被考核者相对而坐

（5）方桌形式 4。

这种形式是考核者和被考核者坐在桌子的同一侧，如图 7-5 所示。

图7-5　考核者和被考核者坐在桌子的同一侧

以上五种形式中，第三种形式，双方面对面而做，距离较近，目光直视容易给被考核者造成心理压力，使其感觉自己是在接受法庭审判，以至于无法充分表达出自己的想法。第四种形式，双方距离太远，不利于交流，也容易增加人与人之间的心理距离，不利于面谈工作的合作进行。第五种形式，双方坐在同一侧，心与心的距离较近，不易造成心理压力，但会使得被考核者感觉不自在，而且不利于观察被考核者的表情。第一种形式，氛围较为严肃，使人不会造成太大的心理压力。第二种形式，可以避免双方目光过于直视，可以缓解心理的紧张，有利于观察对方的表情和举止。建议采取第一种、第二种位置排列方式进行绩效反馈面谈。

4. 面谈资料的准备

在进行绩效反馈面谈前，考核人员还必须准备好面谈资料。这些资料通常包括被考核者的绩效评估表、被考核者的日常工作表现记录等。除此以外，考核人员还应当对被考核者有关的各种资料熟记于心，在需要的时候可以随时找到相关内容，有效避免左翻右翻资料的尴尬。

5. 有准备地对待面谈对象

在面谈时，难免会出现被考核人员情绪不安，或做出过激的言行，或评估对象与考核人员的意见出现不一致等情况。这就要求考核人员提前做好应对面谈对象的准备，包括被考核者可能出现的状况，以及如何解释和对待。

6. 做好面谈程序的计划

做绩效反馈面谈，一定要事先做好计划。通常，计划的内容包括：面谈的过程分为几个部分、面谈哪些内容、内容的先后顺序如何安排、各部分花费的时间大概是多久等。

计划绩效反馈面谈的过程，主要是考虑先谈什么、后谈什么。

通常，绩效反馈面谈过程分为三个阶段：开场阶段、面谈阶段、结束阶段。每个阶段的目的和面谈内容，如表7-1所示。

表7-1 面谈过程计划

面谈阶段	目的	面谈内容
开场阶段	与被考核者建立融洽关系，营造良好的谈话氛围	1.用运动、天气缓和一下严肃的氛围 2.营造真诚氛围，让被考核者放松 3.说明谈话目的和程序
面谈阶段	鼓励被考核者谈自我认知，做自我总结	1.被考核者阐述自己对本次绩效评估的目的认知 2.被考核者叙述自己的工作表现，并对自己做出评估 3.考核者用开放式提问方式做引导
	点评考评意见	1.分析被考核者的工作表现 2.肯定被考核者的努力和进步 3.分析被考核者在工作中的不足
	告知考评等级结果	告知被考核者考评结果
	鼓励被考核者发表意见	1.考核者用开放式提问方法探寻被考核者意见 2.考核者咨询被考核者有关团队、部门管理者的意见 3.确认考核结果，如有异议，确定下次沟通时间
	对被考核者的发展建议	1.咨询被考核者个人发展规划 2.考核者承诺对被考核者予以支持和鼓励
	绩效改进	1.如果绩效不理想，考核者与被考核者共同制订改进计划 2.初步确定下一阶段的工作目标
结束阶段	总结和确认	1.考核者及被考核者对上述内容加以确认 2.约定下次面谈时间 3.感谢员工参与 4.考核者整理面谈记录

二、下发面谈通知

做好前期准备之后，接下来就是要向被考核人员下发面谈通知。目的是考核人员与被考核人员对具体的面谈时间、地点等进行通知和确认。以免进入正式绩效反馈面谈阶段，考核人员"抓"不到人，难以完成绩效反馈面谈工作。以下是绩效反馈面谈通知书，如表7-2所示。

表7-2　绩效面谈通知书

绩效面谈通知书	
被通知人	
主旨	
面谈时间	
面谈地点	
准备事项	

通常，被考核者应当在正式接受绩效反馈面谈时，事先填写好自我评估表，事前详细阅读员工职位说明书。

三、建立融洽关系

在确定考核时间、地点等之后，接下来就正式进入绩效反馈面谈阶段了。在这个阶段，考核者为了让工作能够高效、顺利开展，首先需要与被考核者建立融洽的关系。

1. 面谈开场技巧

在面谈过程中，有的被考核者心理素质较好，对绩效反馈面谈目的能够比较理解，并且能心平气和地接受评估结果。他们在面谈过程中，往往表现得自在、轻松，敢于自由开放地说话，能够以开放的胸怀接受批评。即便对考核者提出的某些意见不同意，也不会攻击考核者。

有的被考核者则心理素质较差，并不明白绩效反馈面谈的目的。他们在面谈的时候，容易紧张、恐惧、急躁，内心会有一定的压力，因此也不敢开口说话，总是用一种闭塞的心态去看待考核者对自己的批评。如果对考核者提出的某些意见不同意，就会出言不逊，甚至发生肢体冲突。

对于不同类型的被考核者，应当采取不同的面谈开场方式。

（1）易紧张的被考核者。

对于那些易紧张的被考核者，如果坐下来就直截了当地开始切入正题，会给人一种严肃感。所以，一定要想好面谈开始的方式，如何才能轻松切入。在开始谈话时，可以从运动、天气等开始，缓和一下氛围。

（2）较平静的被考核者。

那些对绩效反馈面谈目的能够比较理解，并且能心平气和接受评估结果的被考核者，不妨开门见山，直入主题。

2. 面谈过程技巧

每位被考核者都对自己的绩效等级抱有一定的期望，当得知自己的实际等级与预期结果存在差距时，就会情绪波动，出现消极和对立情绪。考核者要理解和接纳员工的消极情绪，只有当被考核者内心平复后，才能让其全身心地专注于面谈。

那么如何在面谈过程中处理好被考核者的消极、对立情绪呢？

（1）同理心接纳其感受。

当被考核者出现消极和对立情绪时，要设身处地，理解其此时此刻的感受。同时，还要让员工将情绪表达出来，这样能够把被考核者即将引发的冲突"火苗"及时扑灭。

具体话术如：

我也曾经是一名职员，也曾经有过被考核的经历。所以，我十分能理解你此时此刻的感受，你是不是和我当时一样，觉得……不如我们现在先看看问题出在了哪里？

（2）有效转换其攻击性言辞。

当被考核者情绪激动时，往往会引发不可预测的语言性攻击。此时，考核人员应当做一个友好的倾听者,在与被考核者目光接触时,让其感受到你在认真地听他的抱怨,甚至是攻击性语言。这样,他们自然而然会感受到你的友好,就会渐渐放下内心的埋怨和愤怒。看到他们渐渐平复之后,再加上相应的话术,自然就能够有效转换其攻击性言辞。

具体话术如:

没关系,我很愿意听你说。但这个并不是我们现在要谈论的话题。

(3)有效转换其沮丧情绪。

出现实际等级与预期结果存在差距的情况,被考核者往往会出现沮丧情绪,此时可以用一些有效的话术对其沮丧情绪进行有效转换。

具体话术如:

你,没事吧?不要太难过。这次的失误和不足争取下次补回来。但我们现在最重要的是找到造成失误的原因,以及不足的地方在哪里,这样我们才能对未来的工作有所改进和提升。

四、面谈效果汇总

在做完绩效反馈面谈之后,接下来就需要对面谈结果进行评估,从而对面谈效果有一个整体把握。因此,绩效反馈面谈效果汇总工作必不可少。

具体而言,效果汇总,应当明确以下六方面:

(1)有哪些遗漏?有哪些是多余的?

(2)此次面谈对被考核者有什么帮助?

(3)考核者从此次面谈中学习到了哪些辅助技能?

(4)考核者对此次面谈结果是否满意?

(5)此次面谈的总体评价如何?

（6）下次面谈应当如何改进面谈方式？

五、绩效结果公示

绩效管理的目的，是鼓励和鞭策企业全员积极向上，鼓励全员向先进者看齐。这对于管理者来讲，是一件具有挑战性的工作。在保证公平、公正进行绩效考核和评估的同时，还要考虑绩效优秀者不会被孤立，以及如何通过绩效优秀者来激励其他员工更加奋进，这就需要将绩效结果进行公示。

1. 公示条件

公示绩效结果，并不是随便做一做就好了，而是需要满足一定的公示条件：

（1）清晰。

既然是做公示，就是为了让所有人看到公示内容。所以，一定要保证公示内容的清晰度。只有这样，才不会出现过多的争议，才能达到公示的目的。

（2）认同。

做公示，还需要保证被考核者能够对其认同。否则，仅仅将公示作为绩效管理的"杀威棒"，不能获得其他方面的效用，这对于绩效管理以及绩效管理者来讲，其实是十分失败的。被考核者的不认同和对不公的埋怨，都会影响绩效管理的进程。所以，要构建合理的考评监督体系，保证公示结果的公平、公正、客观，让参与绩效考核的全员没有任何担心和不满。

在以上两个条件的基础上做结果公示，还需要注意，绩效结果公示是一把双刃剑，初次实施绩效结果公示的企业，要注意按照由浅到深、由简到难的方式操作。

2. 公示内容

在做绩效结果公示的时候，一定要注意公示内容的把握。一份绩效结果公示，应当包含：

（1）要素。

公示要素包括：业绩、行为、态度。在这三个要素中，优先公示行为，因为行为是最显而易见的事实。

案例：

XX员工在本季度内，无迟到、早退、矿工、请假等现象。

（2）人群。

公示的目的，就是要通过优秀员工，为企业全员树立标杆。所以，在公示时，要优先公示绩效考核结果优异的人群，然后按从优到劣的顺序依次公布，但对于绩效低的员工，在公布的时候，一定要明确说明绩效低的原因。

（3）范围。

如果企业规模很大，参与绩效考核的人员很多，建议以部门为单位进行公示。如果在全企业内部公示，由于人员之间不了解，所以没有什么可比性，这样做结果公布，意义不大。

（4）反馈。

由于被考核人员会对绩效结果有不满的情况，而绩效结果通常以本部门意见为主，为了满足被考核人员的申诉需求，企业可以在本部门和人力资源部各设一个投诉渠道，以便更好地帮助被考核者解决申诉问题。

案例：

以下是某企业销售部门的一份绩效结果公示，如表7-3所示。

关于销售部2020年上半年季度绩效公示的通知

致：销售部全体员工

根据公司2020年第二季度绩效考核工作的安排，经绩效管理团队评议，现将部门内第二季度绩效考核优秀人员的名单公示如下，公示期为

7月3日~18日。

表7-3 某企业销售部门绩效结果公示

姓名	工号	绩效结果等级	点评内容
刘义康	0163	A	1.作为销售部经理，带领团队超额完成第二季度的产品销售额 2.在第二季度6S管理中连续三次进入前三名 3.科学、合理、成功地拓展了全新的销售渠道 4.团队士气高涨，实现骨干人员零离职
张兰芳	0256	A	1.在第二季度内，没有缺勤情况 2.探索全新销售模式，有效节省了销售成本 3.在第二季度按时完成销售任务
王有志	0322	A	1.作为新员工，业务能力迅速提升，能独立担当销售组长职责 2.能顾全大局，带领自己的小组与其他小组高效合作，完成临时交付的销售任务
……	……	……	……
……	……	……	……
……	……	……	……

如对上述公示内容有异议，请向本部门经理或人力资源部进行反馈。

反馈邮箱：……

公示期过后，视为绩效结果公平、公正。

销售部总监　张峰

2020年12月1日

第八章
绩效应用：绩效管理落地才是硬道理

开展绩效考核工作，是希望通过绩效结果应用达到真正提升全员工作能力、工作绩效的目的。所以做好绩效应用，才是绩效管理得以高效落地的根本。绩效考核结果不能作为摆设，否则在下次考核的过程中，不会再受到员工的重视，也会对绩效管理的实施失去信心。

第一节　薪酬激励：激励是最好的管理

企业开展绩效管理工作、绩效结果的应用，对于员工层面来讲，除了薪酬激励之外，就是晋升激励，这两方面的激励，分别代表了物质激励和精神激励。有了这两方面的激励，使得员工对绩效考核更加感兴趣，更加乐于参与，从而形成良性的绩效管理闭环。

一、工资发放：最能牵动人心

员工用自己的劳动和业绩，换取相应的等价工资，这也是员工积极奋发的原动力。所以，将工资与绩效考核结果相挂钩，给员工调薪，该涨的涨，该降的降，才能更好地提升员工的工作热情和积极性。

那么如何决定涨与降呢？如何才能让员工没有任何怨言和不满地接受工资的涨与降呢？标准是什么？这就需要通过绩效考核等级来决定绩效工资的发放。

具体来讲，员工的工资＝固定工资＋绩效工资。绩效工资＝绩效系数×绩效工资基数（月薪的固定百分比）。

案例：

某公司规定，生产部门员工每月的绩效工资是月基本工资的20%。以下是生产部门员工月度绩效等级与绩效系数的对照表，如表8-1所示。

表8-1　某企业生产部门员工绩效等级与绩效系数对照表

月度绩效等级	S级	A级	B级	C级	D级
月度绩效系数	120%	100%	80%	60%	30%

在某月，生产部门的小李月度绩效等级为 A，小李的月基本工资为 7000 元，该月没有缺勤，则小李该月的绩效工资计算公式为：

小李该月的绩效工资 =7000×20%×100%=1400（元）

小李该月到手的工资 =7000+1400=8400（元）

绩效工资最大的优点就是，员工的绩效工资不会自动累积到其基本工资之中。员工如果想要获得像本月一样多的工资，或者拿到更多的工资，就需要付出同样甚至更多的努力。可见，绩效工作最能牵动人心，让员工为之心动，为之行动。

二、工资调整：最能鼓舞人心

为了鼓励员工更加具有上进心，很多企业会将绩效考核结果应用于调整员工工资上。主要是用于调整员工的基本工资。调薪的比例根据绩效考核结果来定。通常，绩效考核评分结果越好，工资上升的比例也就越大；绩效考核评分结果越差，工资下降的比例就越大。这种方法，对于绩效高与绩效低的员工，能够拉开彼此工资的差距。

员工工资调整，通常可以按月、季度、年度计算。具体的工资调整规则，企业根据自己的实际情况而定。

案例：

某新兴创业公司，已经开展绩效管理工作有两年。为了留住人才，淘汰"混日子"的员工，吸引新型技术人才的加入，该公司将技术员工的工资与绩效评定结果挂钩。根据绩效结果，每年都会对员工进行一次工资调整。对于绩效高的员工，进行工资上调；对于绩效低的员工，进行工资下调。以下是该公司研发部门的具体调薪情况，如表 8-2 所示。

表8-2　公司员工年度绩效评定结果与年度基本工资调整规则

本年度绩效评定等级	上年度绩效评定等级	基本工资调整幅度
A	A	30%
A	B	20%
A	C或D	10%
B	A或B	20%
B	C或D	5%
C	A或B	10%
C	C或D	5%
D	A或B或C或D	0

三、股权激励：最能激励人心

绩效管理的实施，重在形成一种工作导向，实施比制度对企业更为重要。在绩效考核结果的应用中，股权激励是一个重要的方面。

企业实行股权激励，无论对于员工还是对于企业自身，都充满了期待。

对于员工而言，企业实行股权激励，能够让其收获实实在在的分红。

对于企业来讲，首先，股权激励能够让员工感觉自己就是企业的"老板"，自己所做的一切工作和付出的努力，都在为自己奋斗。这样，就能有效激励员工，以主人翁的态度，更加积极投身工作。其次，股权激励，使得员工能不因享受高额收益而一劳永逸，丧失继续奋斗的动力。最后，股权激励还能使得企业全员与企业共享收益的同时，能够共担困苦。

因此，股权激励的实施，无论对于员工还是对于企业，都是易于推行的。绩效考核结果在股权激励各环节的运用，主要有以下四方面：

1. 股权激励的准入门槛

股权激励的实施，对于激励对象的衡量标准，通常包含职级、工龄、绩效。其中，绩效是被认为最公正、公平的准入门槛。通常，企业实施股权激励，会选择那些近一年或几年的绩效水平在合格甚至良好以上的员工，给予股权激励。

2. 作为增配股份的依据

企业为了能够持续激励员工，就会对那些绩效结果优异的员工，予以增配股份。而增配股份的条件，就是拿业绩说话。

3. 作为减持股份或注销资格的依据

当员工的绩效考核不达标时，其个人所持有的股份，可以根据绩效考核结果进行下调，甚至取消激励资格。

4. 动态调整

企业将员工的绩效考核结果与激励模式进行切换，将虚拟股切换为实股，在数量调整方面，以绩效情况为依据。

四、公司福利：最能感动人心

福利是员工全部薪酬中的一部分。员工福利包括两部分：

1. 法定福利

法定福利，即国家或地方政府，为了保障员工利益而强制各组织、企业执行的报酬部分，如社会保险、住房公积金、带薪假期、特殊岗位津贴。

2. 非法定福利

非法定福利，即福利是企业按照自己的意愿给员工提供的报酬，如餐补、车补、电话补贴、文娱活动、休闲旅游、过节费、过节礼物、健康险等。不同的企业，根据自己的经济实力和意愿，给员工提供不同价值的福利。

此外，企业福利又分为全员福利和特殊群体福利。全员福利，即企业全体员工都可以享受同一种福利。但有的企业还会根据员工的不同情况，如职位差别、绩效等级等进行差别对待，这种福利措施，就是特殊群体福利。

案例：

某企业对各部门不同职位的员工，以特殊群体区别对待，进行福利发放。按照不同岗位进行划分，老板、总经理、总经理助理、部门经理、部门员工，不同岗位上的职员，可以享受企业制定的特殊群体福利。而且岗位等级越高，享受的福利则越好。

案例：

某企业规定员工每年福利，根据每天的绩效结果来定。具体操作是，将绩效考核结果兑换为员工福利积分。每个月的绩效考核结果累计到年底进行结算，下一年开始实施兑换的福利。员工月度绩效等级与兑换福利积分规则，如表8-3所示。

表8-3 员工月度绩效等级与兑换福利积分规则

月度绩效等级	A	B	C	D
对应福利积分	100分	60分	40分	0分

员工年终根据累计积分可兑换的福利规则，如表8-4所示。

表8-4 员工年终根据累计积分可兑换的福利规则

福利类型	消费卡	国内七天游	国外十天游	……
兑换福利积分	300分	600分	1000分	……

从管理层的角度来看，公司福利可以提高企业在员工和其他企业心目中的形象，提高员工对职务的满意度，另外，还可以为员工增加收入，但却不需要像工资一样进行纳税。福利与现金支付相比，在某种意义上，对员工具有更大的价值，更能感动员工的心。

五、授予荣誉：最能凝聚人心

荣誉激励，是从精神上满足员工自尊需要而进行的激励方法。心理学家马斯洛的需求层次理论认为，每个人都有被尊重的需要。当一个人的尊重需求得到满足时，就会产生一种自信情感，感觉自己是这个世界上最有价值、最有力量、最有能力、最有用处和必不可少的人。

借助员工的这种被尊重的需求，进行荣誉激励，能够培养和激发员工的荣誉感，进而激发员工为荣誉而战的积极性和动力。

绩效考核结果可以应用于员工荣誉激励。绩效考核结果越高，则授予员工的荣誉激励越好。员工考核结果越差，则越没有授予荣誉的机会。通常，根据绩效考核结果，授予员工荣誉的方式有颁发证书、奖状、授予荣誉称号、在企业内部进行通报表扬、产品以研发者名字命名等。

案例：

某企业在五一劳动节之际，根据上年度员工绩效考核情况，评选本年度优秀员工，并授予荣誉称号，以示表彰。以下是该企业的荣誉称号记录表，如表 8-5 所示。

表8-5　某企业的荣誉称号记录表

荣誉称号记录表			
姓名		部门	
岗位		工号	
荣誉称号		授予时间	
授予单位			
事迹描述			
根据评选条件、评选标准所列内容有针对性重点填写：			

第二节　人力资源规划：有规划才有未来

人力资源规划，是以企业的发展规划为目标导向，通过企业人力资源需求以及供给状况，制订必要的人力资源获取、利用、保持和开发的战略。从而确保企业在人力资源的质量和数量上，能够满足未来的发展需求，使企业能够不但能获得中短期利益，还能获得长期利益。

一、员工职业发展开发

绩效考核可以让每一个被考核者明确自己的优势和缺点所在，使员工对未来的发展方向更加清晰。将绩效考核结果应用于员工职业发展开发，为职业生涯发展提供最真实、有效的考察依据，对员工未来职业发展目标、路径和实现方式进行规划。因此，员工职业发展开发，主要是通过制订员工职业生涯规划来实现的。借助员工职业生涯规划，可以通过对员工的培养和发展计划，帮助员工在现有的工作上改进绩效，帮助员工发展潜能。

1. 员工职业生涯规划的作用

（1）对员工而言，能够借助企业提供的职业发展平台，获得职业发展。

（2）对管理者而言，为下属的晋升和调薪，提供依据，也可以更好地了解下属的优势、劣势，帮助下属明确发展方向。

（3）对企业而言，使企业能够合理配置人力资源，把合适的人放在合适的位置上；能有效提升员工的工作积极性和主动性；吸引优秀人才，留住核心员工，优化人员结构。

2. 员工职业生涯规划制订原则

（1）长期性原则。

在制订员工职业生涯规划的过程中，要引导员工进行长远规划，确定长远目标，使员工能够将所有力量放在围绕长远目标而努力，最终取得成功。

（2）清晰性原则。

要保证为员工制定的职业生涯规划清晰、明确，并能分解成为一个具体可行的行动。

（3）挑战性原则。

在帮助员工制订可行的职业生涯规划时，还需要为员工职业生涯规划融入一定的挑战项目，使员工在成功完成之后，有极大的成就感。

（4）适时性原则。

在制订员工职业生涯规划时，还应当注重合理安排项目，注意实施和完成方面的时间和时序问题。

（5）适应性原则。

只有针对员工特点制订出来的职业生涯规划，才更具有适应性。

（6）持续性原则。

员工的成长和发展是一个持续性过程，所以在制订员工职业生涯规划时，也应当注意贯穿员工的每一个发展阶段。通过每个阶段的成长，不断累积、不断沉淀，才能使员工最终实现长期目标。

3. 员工职业生涯规划方案制订流程及要点

以下是员工职业生涯规划流程，如图8-1所示。

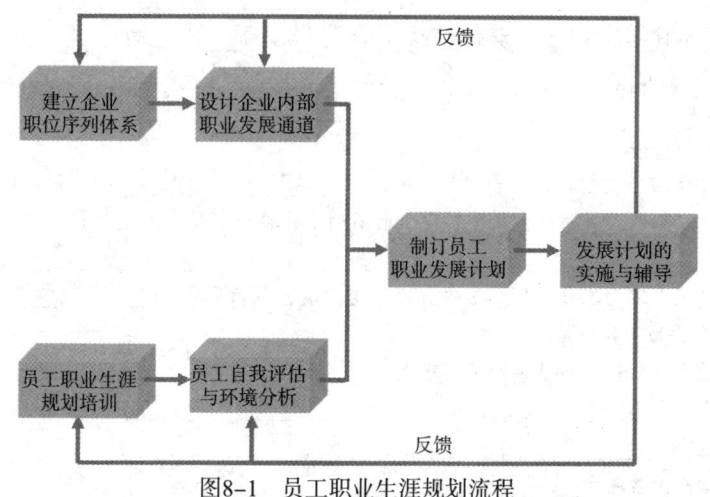

图8-1 员工职业生涯规划流程

（1）员工自我剖析与定位。

要通过职业生涯规划，帮助员工进行比较准确的自我评价。这一点可以通过问卷调查、量表的形式实现。

案例：

以下是某保险公司的一份员工职业生涯规划问卷调查，如表8-6所示。

表8-6　员工职业生涯规划问卷调查表

员工职业生涯规划问卷调查表							
姓名		部门		岗位		工号	
调查内容								

1.请选择你对现职工作的满意程度：
A.很低　　B.较低　　C.中等　　D.较高　　E.很高
原因是：_____

2.我想在工作中通过_____取得进一步的提高（可多选）：
A.在现任工作岗位上争取进一步的业绩和成果
B.努力争取达到比现任工作岗位更高一层的工作资格和能力
C.努力达到胜任企业内另一部门其他类型工作的资格和能力
D.其他（请写明）_____

3.我认为自己最适合做_____工作（可多选）：
A.综合管理类　　B.市场开发类　　C.调查分析类　　D.公关协调类
E.其他（请写明）_____

4.请列举出目前工作中自己最有优势和最为不足的方面
优势：1._____　2._____　3._____
不足：1._____　2._____　3._____

5.职业生涯目标
对我而言，一个在当前最为切实可行的工作目标是_____

6.立足现有条件，请评价自身要实现上面所列工作目标，受到的限制条件：
_____

7.如果我想在现有工作或别的工作方面取得发展，我需要在_____方面获得更多的知识和技能。

8.如果抛开目前自己所从事的工作来看，
A.我的优势在于_____
B.我想从事_____
C.我的局限因素在于_____
D.我不想从事_____

9.立足于当前情况，请根据个人实际需求状况以及职业发展理念，按照重要性从下列职业因素中选出五项进行排序：
A.职务　　B.薪资　　C.培训　　D.企业文化　　E.工作氛围　　F.发展空间
G.个人爱好　　H.其他（请写明）_____
排序：_____

10.为了实现个人职业规划目标，我目前最为需要的培训项目是_____
_____

员工自我剖析的内容可以包括：

①自己的价值观念、基本原则和追求的价值目标。

②掌握的知识与技能是否丰富和熟练。

③通过自己的人格特征、兴趣等，剖析自己的优势和不足。

通过认真剖析后，员工会对自己有一个更加客观、全面的定位和认知。通过进一步自我鉴定，可以使员工更好地选择自己的职业发展道路。

（2）职业生涯环境评估。

员工职业生涯规划中还需包括职业生涯环境评估。目的是帮助员工分析环境特点及发展变化情况、个人与环境的关系、个人在环境中的地位、环境对个人的利弊等。这样做主要是为了让员工对企业发展战略、人力资源需求、晋升发展机会、社会环境等进行分析和探讨。

（3）职业生涯目标与路线。

员工职业生涯规划中还应当包括职业生涯目标与路线的设定，帮助员工确定职业生涯目标。在具体的设定过程中，应当注意，目标要符合社会与企业的发展需求，要适合自身特点和情况，要注意长期与中短期目标的结合，并且需要考虑自己未来的发展路线，自己适合的发展路线。

（4）员工职业生涯规划培训。

组织员工进行职业生涯规划培训，目的是帮助员工进行自我评估和环境分析。

（5）职业生涯策略。

职业生涯策略，即未来职业生涯的路上，应当采取哪些具体行动和措施。企业可以根据不同员工的不同情况，采取不同的职业生涯策略。

如果是基层潜力员工，就为其提供富有挑战性的工作任务，使其形成良好的工作态度，有效提升其工作绩效和竞争能力；如果是那些在现有岗位上没有潜力可挖的员工，可以通过岗位调换，提升他们的工作兴趣，丰富他们在职业生涯中的生存技能。

（6）职业发展通道。

企业应当建立不同的发展通道，并通过纵向岗位晋升、横向岗位转化等方式，为员工提供多重职业发展通道，使员工的职业生涯发展最大限度地与企业的发展保持一致。

案例：

以下是某互联网零售企业客服人员的职业发展通道，如表8-7所示。

表8-7 某互联网零售企业客服人员的职业发展通道

职级	3	4	5	6	7
能力角色	在他人指导下工作	遵循制度和规范工作	独立工作，并可指导他人	骨干人员或小团队管理人员	所在领域专家或小团队资深管理人员
标准时间		1~2年	2~3年	3~4年	4~5年
卓越员工	不需要经验	0.5年	1~2年	2~3年	3~5年
一般员工	不需要经验	1年	1~2年	2~4年	
潜力员工	不需要经验	1年	2年		
待发展员工	不需要经验	2年			
典型职位	初级客服助理	中级客服助理	客服代表	客服班长	高级客服班长
管理目标	培训	技能发展、职业规划	发展多样化技能	培养其管理能力	向管理层晋升
获得晋升的标准	1.受教育程度 2.岗位相关技能 3.工作业绩 4.服务年限 5.绩效要求				

（7）职业生涯规划的修正与反馈。

员工在实践中实现了自我认知和工作能力、绩效业绩的提升，要想让员工得到持续的提升，就需要不断修正职业生涯规划，让员工的发展上升到更高境界。与此同时，职业生涯规划，在执行的过程中，也会因为各种主观和客观偏差，导致与员工的个人特点不相符的情况。这时候就要对职业生涯规划进行必要的变动，以确保员工能够获得最准确的个人职业目标。

员工职业生涯规划所涵盖的要点包括以上几点，但不仅限于此。

案例：

某公司为了合理利用公司内部人力资源，实现公司人力资源需求和员工个人职业生涯需求间的平衡；为了最大限度地挖掘公司人才，依据上年度员工绩效考核结果，特制定员工职业生涯规划表。

以下是该公司员工职业生涯规划表，如表8-8所示。

表8-8 公司员工职业生涯规划表

员工职业生涯规划表							
一、个人基本情况							
姓名		部门		岗位		工号	
性别		出生年月		入职时间		联系电话	
技术职称			现岗位及工作时间				
毕业学校			学历		专业及毕业时间		
工作愿望	对现从事岗位的工作是否满意？ 满意□ 基本满意□ 不满意□						
^	是否愿意担任其他岗位工作？ 愿意□ 不愿意□						
^	如果可能，你愿意从事哪一方面的工作？						
^	如果有晋升机会，你认为自己哪一方面还需要得到加强？						
工作现状	现在职位	知识现状						
^	^	技能现状						
^	^	其他方面						
^	我的差距	知识差距						
^	^	技能差距						
^	^	其他差距						
^	需要的帮助	知识帮助						
^	^	技能帮助						
^	^	其他帮助						

续表

		二、自我分析					
自我评估	兴趣爱好特长						
	情绪情感状况						
	意志力状况						
	已具备经验						
	已具备能力						
	个人优点						
	个人缺点						
自我分析总结							
		三、社会、职业、环境分析					
家庭环境分析	（如经济状况、家人期望、家族文化等对本人的影响）						
社会环境分析	（如就业形势、就业政策、竞争对手等）						
行业环境分析	（如行业现状及发展趋势、人业匹配分析等）						
职业分析	（如职业的工作内容、工作要求、发展前景、人岗匹配分析等）						
企业分析	（如单位类型、企业文化、发展前景、发展阶段、人企匹配分析等）						
环境与认知	1.你认为你所服务的企业是？ A.非常有发展潜力 B.潜力一般 C.毫无潜力 D.不清楚 2.打算在现在的企业工作多久？ A.长期 B.5~10年 C.2年内 D.没考虑过 3.与同事间的关系如何？ A.好 B.一般 C.时好时坏 D.不好 4.在工作中感觉快乐吗？ A.非常快乐 B.一般 C.有时快乐 D.不快乐 5.你对单位环境满意吗？ A.满意 B.一般 C.不满意及原因 a.制度不规范 b.氛围不好 c.看不到发展机会 d.领导能力有问题 e.工资福利待遇不好						

续表

环境与认知	6.你最擅长的知识能力，最不擅长的知识能力是什么？ A.计划能力 B.执行能力 C.沟通能力 D.组织能力 E.专业知识 F.写作能力 G.创新能力 H.学习能力 I.自我控制能力 J.理解能力（可多选） 7.如何看待职业规划？ A.人生要有目标，为之努力 B.做给别人看，自欺欺人 C.走一步看一步 D.从没有职业规划意识 8.对目前的职业生涯满意吗？ A.非常满意 B.比较满意 C.一般 D.不满意 9.你的职业困惑类型是什么？ A.不知道自己适合做什么 B.职业发展遇到"瓶颈" C.职业倦怠，提不起精神 D.工作压力大 10.对职业规划你最看重哪些方面？ A.对自己的职业发展有帮助 B.对提高自己的薪资水平有帮助 C.对提升自己的技能和经验有帮助 D.对实现自己的人生理想有帮助 11.选择职业规划最看重哪些因素？ A.效果 B.金钱 C.名利 D.心境
职业分析小结	

四、确立目标

现职描述	职业类型		职业名称		具体岗位	
	职业地域		工作环境		工作时间	
	工作性质		工作待遇		技能等级	

职业发展期望	职业理想	
	实现目标优势	
	实现目标劣势	
	实现目标机会	
	实现目标障碍	

续表

项目	计划名称	时间	目标	计划内容	策略和措施	备注
短期计划						
中期计划						
长期计划						

员工签名：　　　　　　　　　　　　主管签名：

注：

1. 本计划是结合员工岗位需要以及个人发展意向，双方经沟通协商达成的促进员工个人发展计划。该计划可以发挥员工自身的潜力。

2. 本计划至少每半年修订一次，一式三份，员工与主管各存一份，交人力资源部门存档一份。

3. 人力资源部应每年对员工职业发展督导档案检查评估一次，并根据员工个人在一年中的绩效考核情况及晋升情况，提出员工下阶段发展建议，指导员工对职业发展规划作出修正。

二、员工岗位调配

一个企业，要想永葆活力，就离不开绩效考核。在绩效考核制度的考量下，可以最大限度地激发员工的工作积极性和潜能。将绩效考核结果应用于职位晋升当中，将为企业注入新鲜血液，增添活力，让企业的发展能够实现可持续。

为了保证员工职位晋升的公平性、合理性、科学性，在实施的过程中，必须以明确的标准为依据。换句话说，就是什么样的人适合晋升，需要晋升到什么职位级别，必须按照一定的标准进行。这一标准，就是绩效标准。

绩效标准是企业将战略目标、经营计划进行逐层分解，然后分配给不同部门，再下发给相应的岗位，对不同岗位员工的工作情况，用绩效要求指标进行规范。员工要想让自己的职位晋升，或者打算让自己的职位晋升到某一级，就需要达到企业规定的相应的绩效考核要求。

那么具体如何根据绩效考核结果来实现员工职位晋升呢？具体流程如图 8-2 所示。

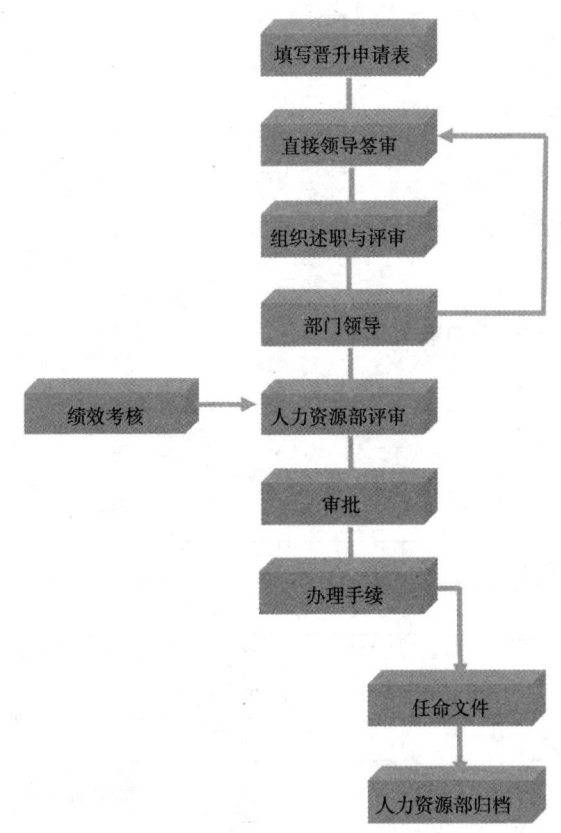

```
           填写晋升申请表
                ↓
           直接领导签审 ←┐
                ↓       │
           组织述职与评审 │
                ↓       │
           部门领导 ─────┘
                ↓
  绩效考核 → 人力资源部评审
                ↓
              审批
                ↓
             办理手续
                ↓
             任命文件
                ↓
           人力资源部归档
```

图8-2　员工职位晋升流程

以下是常用的员工晋升申请表，如表 8-9 所示。

表8-9　常用的员工晋升申请表

姓　名		籍贯		年龄		入职时间	
原部门				原职位			
晋升部门				晋升职位			

续表

个人总结与晋升申请（本人填写）
一、工作概况（现任职务及现任岗位工作情况简介）： 二、申请晋升的理由： 1.自己的实力及主要业绩表现 2.晋升后的工作计划与发展目标 三、对晋升职位的信心与期望 　　　　　　　　　　　　　　　申请人签字：_____ 　　　　　　　　　　　　　　　日　　期：____年__月____日

部门经理评语与意见				
部门经理：				
人事部意见		签 字：		
副总经理意见		签 字：		
总经理意见		签 字：		
薪酬待遇	原职位		原工资级别	
	晋升职位		晋升工资级别	
备　注	1.此表适用于公司试用期结束后所有员工； 2.职位与工资级别参考公司正式员工工资标准执行； 3.晋升职位在审核通过后，即时办理交接转岗； 4.晋级工资按晋升审核通过日的下个月起计算发放； 5.此表审批程序按总经理办公室授权执行； 6.此表由人事部统一核准、归档与管理。 　　　　　　　　　　　审批日期：_____年____月____日			

三、员工招聘选拔

招聘新员工加入，可以为企业扩充人才规模，注入新鲜血液。但招聘新员工，并不是来应聘的人员照单全收，而是需要对应聘人员进行初选、复选、就业测验环节，最终确定适合留下来的人。

初选时，人力资源部门主管根据求职者的申请表掌握初步信息，进行筛选，决定下一轮的候选人。复选时，对求职者的个人理想抱负、合作精神、相关材料的真实性，进行核对、调查、评估，确定可以留下来试用的人。在就业检测环节，就是要对在试用期工作的新员工进行绩效检测，通过绩效考核，可以对新员工的智力、技能、个性、态度、能力等各方面进行检测。然后通过绩效考核进行淘汰，凡是没有通过绩效考核的人，只能被淘汰出局。而那些通过绩效考核的人，可以留下来成为企业的一员，实现人职匹配。因此，绩效考核结果可以作为人才招聘选拔的重要依据。

那么绩效考核结果在企业招聘和选拔过程中，有哪些方面的应用呢？

1. 招聘计划制订阶段

通过员工绩效考核结果，可以明确企业当前在哪方面的人才技术、能力等方面有所欠缺，这就为人力资源部门制订招聘计划提供了很好的依据。基于此，人力资源部可以明确招聘方向，制订针对性很强的招聘策略，为后续招聘优质人才打下好基础。

2. 人才筛选阶段

招聘进来的人才，要想进一步了解其工作技能和工作能力，仅看其自我评价是难以辨别真实性的。拿数据说话，才更有说服力。因此，在人才筛选阶段，同样需要借助绩效考核结果来实现。从绩效考核结果中，可以清楚地看到每位新员工在试用期的绩效状况，通过这些数据，可以很好地判断其是否能够适应本公司的岗位需求。

3. 招聘效果检验阶段

在招聘结果检验阶段，同样需要参考新员工在试用期的绩效考核结果，以此判断人才招聘的完成情况。

第三节 组织培训：有效弥补员工能力短板

日本著名企业家松下幸之助曾说过："培训很贵，但不培训更贵。"表面上看，企业做员工培训需要花费很多费用，但如果不做员工培训，则需要支付的代价更大。所以，企业必须重视员工培训。

然而，现在很多企业的员工培训都是盲目进行的，并不能起到良好的培训效果。根据绩效考核情况，可以分析员工的能力短板，进而为其量身定制相关的培训课程。这对于那些难以通过自学或难以规范自身行为态度的员工来说，能帮助其有效改进绩效。因此，企业必须及时认识到员工中存在的这种需求，为员工安排一些培训项目，组织员工参与培训、接受再教育，及时弥补员工能力的短板。这样既能满足企业完成战略目标的需求，又能为员工提供免费享受学习的机会，可谓双赢。

一、能力问题诊断

做员工培训，并不是为了培训而培训，也不是为了走形式、走过场。否则，企业拿出来用于培训的资金，就没有花在刀刃上，付诸东流。不但对员工的能力没有丝毫提升，而且对于企业的发展来讲，也没有任何意义。

案例：

某企业在年底的时候，制订了一个激励员工学习、积极参加培训的制度，如果员工利用业余时间学习能够获得学位，公司会给员工报销一定比例的学费。但问题是，该企业忽视了一个重要的问题，那就是为了什么而培训？员工能从培训中学到什么？该企业的员工培训内容包括摄影、音乐、美术，这些东西虽然能陶冶员工的情操，但对提升企业竞争力、提升员工能力和业绩,没有任何帮助。此外,公司承诺,员工利用业余时间读书、学习,公司会给报销书费,同时还会对员工进行考核。即员工在读书、学习后,需要写一份读书心得,提交给人力资源部,人力资源部签字后,才能拿到报销费用。然而,没想到的是,员工在业余时间读的书,绝大多数都是小说,读书心的写的都是小说读后感。虽然有的员工写的读后感十分精彩,但对改善绩效没有任何帮助。这对于企业来讲,浪费了成本;对于员工来讲,浪费了时间,甚至还影响了工作,得不偿失。

做员工培训,要想让培训工作能够为企业的发展和员工的成长带来良好的效果,首先要做的就是明确培训需求。只有针对员工短板开展培训,才能有效提高员工的绩效能力。所以,做员工培训,关键的一步就是做员工能力问题诊断。

在实际工作中,很多企业虽然知道根据绩效考核结果,确定员工培训需求,但在具体执行过程中,却没有收到理想的效果。究其原因,就在于并没有找到员工的短板,导致安排的培训内容没能满足员工的培训需求。

对员工能力问题进行诊断,主要是从员工的绩效考核结果出发,对员工从基础知识、工作技能、工作态度、外部障碍四个维度来进行考量,如图8-3所示。

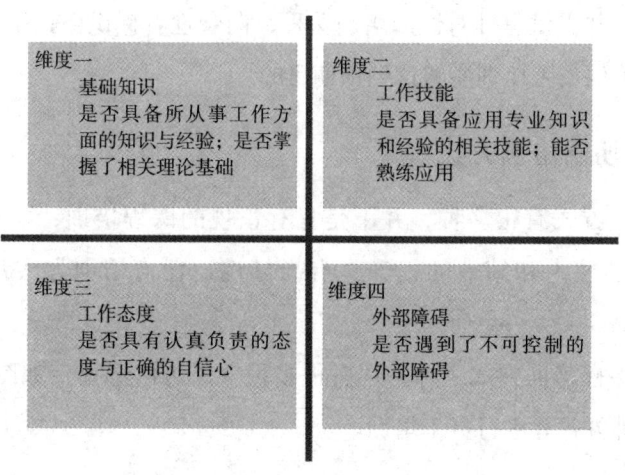

维度一 基础知识 是否具备所从事工作方面的知识与经验;是否掌握了相关理论基础	维度二 工作技能 是否具备应用专业知识和经验的相关技能;能否熟练应用
维度三 工作态度 是否具有认真负责的态度与正确的自信心	维度四 外部障碍 是否遇到了不可控制的外部障碍

图8-3 员工能力问题诊断的四个维度

二、确定分工职责

员工培训，并不代表参与者只有员工。员工是整个培训工作中的核心，但还需要管理者和人力资源部共同参与。为了促进培训工作有序、有效进行，这三方需要各司其职，做好分工。

1. 员工的职责

俗话说，知己知彼百战不殆。员工作为培训对象，要想让自己通过培训获得工作能力和绩效业绩的提升，首先要明确自己的短板。从管理者的反馈信息中，可以分析并得出自己的短板所在。此后，还需要与管理者对培训的相关问题进行讨论，从而制订出更加能够满足员工培训需求的培训计划和方案。

2. 管理者的职责

在培训过程中，管理者作为员工绩效考核结果信息的持有者，首先，需要为员工提供相关的绩效考核数据，并帮助员工分析工作表现。其次，需要向员工反馈绩效考核结果，以及相关意见。最后，需要在培训工作开展的过程中，给予员工相应的支持。

3. 人力资源部的职责

人力资源部在整个员工培训工作开展的过程中，主要负责分析员工的培训需要，并提供有针对性的培训课程，向管理者提供咨询服务与专业性建议，以确保员工培训能够达到预期目的。

三、明确培训方式

培训的方式有很多种，并不是只有正规的课程培训，才算培训。只要对员工的能力和绩效的提升具有指导性，任何培训方式都可以加以利用。

除了课程培训方式之外，还有很多种方式可以选择，如图 8-4 所示，也可以多种方式并进行员工培训。

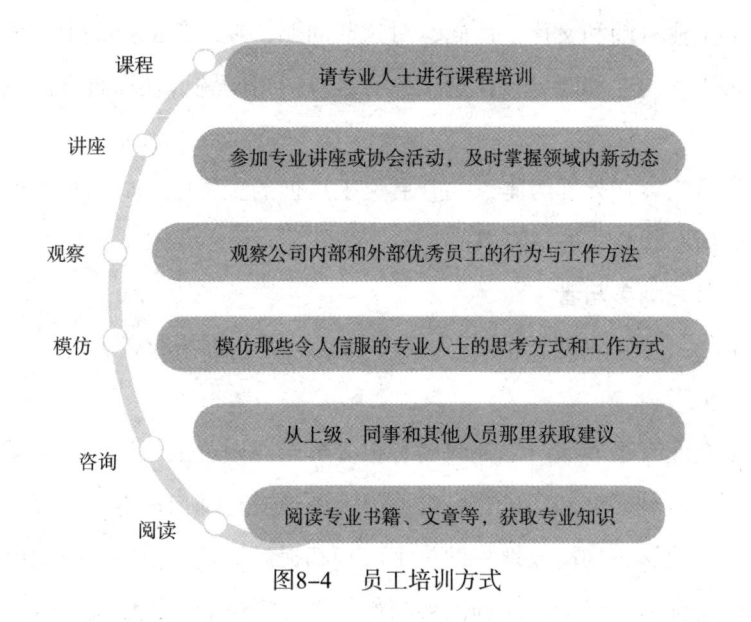

```
课程 ──── 请专业人士进行课程培训
讲座 ──── 参加专业讲座或协会活动，及时掌握领域内新动态
观察 ──── 观察公司内部和外部优秀员工的行为与工作方法
模仿 ──── 模仿那些令人信服的专业人士的思考方式和工作方式
咨询 ──── 从上级、同事和其他人员那里获取建议
阅读 ──── 阅读专业书籍、文章等，获取专业知识
```

图8-4 员工培训方式

四、设计培训方案

在所有前期工作完备之后，最后就是设计培训方案。有了培训方案作依据，整个培训工作才能有条不紊，高效执行。

员工培训方案设计，分为以下六个步骤：

1. 确定培训目标

之所以对员工的能力问题进行诊断，目的就是为后期确定培训目标指明方向。在明确了培训目标之后，才能确定培训对象、内容、时间和方法等，并在培训之后，可以对照此目标进行绩效评估。此外，确定了培训目标之后，还需要将该目标进行细化，分割成具体目标逐个实现。培训目标越具有可操作性，越有利于总体目标的实现。

2. 选择培训内容

通常，员工培训的内容包括知识培训、技能培训、素质培训。

如果员工缺乏相关基础知识和技能，则专门开展知识与技能培训，重点在于提升员工的业务能力。

如果员工存在工作消极和抵触情绪，包括自身价值观与企业价值观不一致，对企业氛围和文化不认同，对这些问题，在培训的过程中，要重点加强对员工的沟通和疏导，让员工改善自身情绪问题，从而将自己融入企业当中。

如果员工存在外部障碍，在开展员工培训的工作中，应当想方设法让员工树立信心，克服外部障碍。

3.明确培训参与者

培训参与者分为两个部分，一是员工，二是培训指导者。

（1）员工。

一个企业有很多部门，部门内有很多员工。做员工培训，并不是全员参与培训，而是要分部门进行。以部门为单位进行部门内部员工培训才更有针对性，能够更加高效地帮助员工改善和提高绩效。否则，企业所有部门员工，全体参与培训，培训内容与部门员工岗位职责不匹配，既难以收获培训成效，又会浪费其他部门员工的时间。

案例：

某医药公司为了提升全员工作能力和业绩，特意开展员工培训工作。但在开展过程中，让所有员工都参与进来，而培训的内容却是药物生产技术。这对于药物研发部、市场拓展部、原料采购部等而言，参与这次培训意义不大。

（2）指导者。

员工培训的指导者，既可以是企业内部人员，也可以是企业外部人员。内部人员包括，企业的领导、具备特殊知识和技能的员工；外部人员是指专业培训人员、学者等。内部人员和外部人员作为指导者，各具优缺点。选择指导者，要根据培训需求分析和培训内容来定。

4.确定培训时间

选择培训时间，要根据员工的工作时间安排来定。通常，要选择员工的业余时间、员工业务淡季等时间段做培训，做好统筹规划才能高效利用时间。

5.选择培训场所和设备

参与培训的人数一般较多，要选择一些空间较大的场所作为培训场地，如教室、会议室、工作现场等，如果是开展技能培训，还需要准备相关技能演示和操作所需的设备、模型等。不同的培训内容和培训方式，决定了场所和设备的不同。

6.培训方案评估和完善

从员工能力问题诊断，到制订出一个系统的培训方案，并不意味着培训工作就可以顺利、高效完成了。除此之外，还需要不断进行评估和修改，才能使培训方案更加完善。

对培训方案的评估，要从以下三个方面进行考察：

（1）培训方案本身。

①培训方案中各个组成要素是否合理，各要素前后是否协调一致？

②培训对象是否对培训内容感兴趣，培训对象的需求是否得到满足？

③按照培训方案开展培训工作，是否能让员工吸收和受益？

（2）参与培训的员工。

参与培训的员工在培训前后的行为是否发生改变？是否与期望的一致？如果不一致，找出原因，对培训方案加以完善。

（3）培训实际效果。

要重点分析培训的成本收益比。培训成本包括员工能力问题分析费用、培训方案设计费用、培训方案实施费用等。培训收益，即员工在培训后的绩效情况，给企业带来的效益。如果成本高于收益，则说明该培训方案存在一定的弊端。应该找出弊端所在，对其进行优化，以便在下次员工培训时使用，从而有效提高员工的能力和绩效水平，为企业带来更好的收益。

以下是常用的员工培训计划表，如表8-10所示，以供参考。

表8-10　员工培训计划表

姓名		部门		岗位		工号	
培训项目				培训时间			
绩效考核结果分析							
员工意见：							
部门经理意见：							
人力资源意见：							
课程名称	培训时间		主讲人		负责人		备注
员工签字：				日期：			
部门经理签字：				日期：			
人力资源签字：				日期：			
备注：							

第四节　绩效改进：在改进中成长和提升

　　绩效管理是一个闭环系统，每进行一次考核，无论考核者，还是被考核者，都能从中发现问题、发现差距。使绩效持续改进，才是绩效考核的主要目的，要实现这一目的，关键就是做好绩效改进工作。

　　在被考核者明确自身不足和差距之后，找出绩效问题的原因，然后制订计划和策略，对这些不足和差距进行改进，不断提升自己的能力和绩效。这就是绩效改进。

思维的高度，决定行为的高度。做绩效改进，要在一定的指导思想下进行，才能真正达到考核目的。

（1）绩效改进，是绩效考核的后续工作，所以绩效改进的出发点，是对员工实现工作的考核，不能将这两个环节的工作割裂开来考虑。

（2）绩效改进，必须自然而然地融入部门日常管理工作当中，才能有其存在的价值。

（3）部门管理者帮助下属改进绩效、提升能力，与完成管理任务一样，都是管理者义不容辞的责任。

在明确知道思想的基础上，还要借助科学的操作流程，才能推动绩效改进的高效实施。

一、绩效差距分析

绩效改进，不仅是被考核者需要对自身的绩效和能力进行改进，企业或部门、考核者也应当做出改进。在做出改进前，首先要做好差距分析。

1. 企业或部门绩效改进差距分析

企业或部门改进应当着眼于全局，确定期望与绩效的差距。企业或部门绩效改进差距分析的内容应包括以下九方面：

（1）企业或部门人员配置是否合理？

（2）企业或部门员工的工作方式是否科学？

（3）企业或部门的工作重点是否明确？

（4）企业或部门之间的协同关系是否牢固？

（5）企业或部门的流程制度是否规范？

（6）企业或部门的文化氛围是否与绩效理念适配？

（7）企业或部门的战略目标是否有效向下分解？

（8）绩效设计是否围绕企业效益和员工价值来做？

（9）岗位和员工的真实价值是否体现？

2. 考核者绩效改进差距分析

对于考核者而言，应当对以下六方面内容，做绩效改进的差距分析：

（1）考核者管理风格是否需要调整？

（2）考核者的管理方法是否需要做出相应改变？

（3）考核者对业务的熟练程度是否达标？

（4）考核者对被考核人是否做好了充分了解？

（5）考核者与被考核者的关系是否融洽？

（6）考核者个人素质是否需要提升和改善？

3. 被考核者绩效改进差距分析

对于被考核者来讲，需要着重对自身绩效考核的预期目标与实际绩效结果进行对比分析。被考核者需要从以下六方面做好绩效改进差距分析工作：

（1）被考核者是否认同企业价值体系？

（2）被考核者自身工作技能是否需要提升？

（3）被考核者工作方法是否需要改进？

（4）被考核者的工作态度是否需要转变？

（5）被考核者与同事的合作程度是否需要加强？

（6）被考核者个人职业生涯是否需要重新规划？

通过进行差距分析，无论企业或部门，还是考核者、被考核者，都要首先明确自身存在的问题，以便后续工作的开展。

二、确定绩效问题

产生绩效差距的内容有很多方面，需要借助一定的方法确定绩效问题存在并进行筛选，以确定自己的绩效问题到底出在哪里，并做好相关记录，如表8-11、表8-12所示。

表8-11 考核者绩效问题记录表

考核者绩效问题记录表		
1.你是如何知道问题的存在的？	举例	
存在什么样的问题？		
问题的背景是什么？		
有什么证据或表现能具体证明问题的存在？		
2.发现绩效问题	举例	
有哪些事情，员工不应当做而正在做？		
有哪些事情，员工应该做而没有做？		
3.确定问题存在的方法是什么？		
观察法	问卷调查	业务测试
访谈法	工作纪律或文件	他人的抱怨
小组讨论	管理纪律和报告	其他

表8-12 被考核者绩效问题记录表

被考核者绩效问题记录表		
期望达到的绩效		现在真正的工作绩效
绩效能力：		绩效能力：
绩效态度：		绩效态度：
绩效业绩：		绩效业绩：
确定期望绩效、改变绩效现状的方法		
观察法	问卷调查	业务测试
访谈法	工作纪律或文件	他人的抱怨
小组讨论	管理纪律和报告	其他

三、绩效问题分析

找到问题的症结所在，还应当对问题的成因做出正确的分析和判断。然后在此基础上对症下药，制订绩效改进方案，才能达到绩效改进的目的。

导致绩效结果差强人意的原因包含四个方面：环境、工具、组织、动机。

1. 环境

这里的环境，主要指的是企业高层领导的参与度以及支持度。绩效管理涉及的很多方面，如企业战略目标、企业经营计划、企业战略分解、各层级目标责任书、工作计划制订、激励机制等，都不是人力资源部门靠一己之力能够独自承担的。没有企业高层领导的参与和支持，战略目标等很难实现，更无法成功实施绩效管理工作。高层领导者对绩效管理活动开展所提供的资源、文化、人力资源制度、客户、市场等方面的支持，为企业带来的机遇和挑战，是导致出现绩效问题的原因之一。

2. 工具

考核者对于绩效考核工具的选择无疑是关键。虽然说，工具不是决定企业能否实现预期绩效结果的关键因素，但如果选对工具，并能运用得当，即便最简单的考核方式，也一样能获得巨大的成功。如果运用不当，即便那些大规模的"龙头"企业，也不能保证在实施绩效管理的过程中取得成功。实际绩效结果与预期之间存在差距，工具的选择也是一个重要的因素。

3. 组织

绩效问题出现的原因，还与绩效推行组织结构是否合理有关。首先，合理的绩效推行组织结构、清晰的制度流程，是实现企业战略层层分解到部门甚至到个人的前提和保障。其次，高层领导、部门经理、人力资源部，在绩效委员会中扮演着不同的角色，推动绩效考核的有序进行。如果绩效推行组织在组建的过程中出现问题，则难以实现组织、制度、个人三方的协同，更难以推进理想的绩效结果的实现。

4. 动机

人的思想倾斜，会导致行动倾斜，这就是动机的力量。因此，动机是造成绩效问题的原因之一，且起到决定性作用。人们往往会因为某种利益的驱使，而努力去做一件事情。在绩效考核的过程中，被考核者为了获得更多报酬，而注重眼前的短期目标，牺牲了长期的利益。我认为，这就是动机改变绩效结果的影响和作用。

以上四个原因，真实存在于绩效考核过程中，也是影响绩效结果的关键因素。从这四方面去挖掘，就能查明产生差距的原因。

四、绩效问题改进

进行绩效改进，关键是用最短的时间，花最少的精力、成本去改进需要改进的项目。同时，还要使被考核者乐于接受。

1. 制订绩效改进计划

绩效改进，就是为了帮助被考核者改变自己的行为，从而达到改进绩效和完善自我的目的。制订绩效改进计划，最重要的是制订个人绩效计划。个人绩效计划，其实也就是个人发展规划，即员工在一定时间内，完成所有工作绩效，实现工作能力提升与改进的计划。

绩效改进计划，需要考核人员和被考核人员共同去制订。在制订过程中，必须符合以下六个要点：

（1）依据绩效考核结果来制订。

（2）需要符合员工意愿、围绕员工自己想改变的愿望进行。

（3）被考核者必须知道自己要做什么，该如何去做。

（4）考核者必须为员工营造一种鼓励氛围，让被考核者能够不因畏惧失败而敢于尝试和改变。

（5）给予被考核者适当的奖励，包括精神和物质两方面，以激发他们改进绩效的积极性。

（6）绩效改进计划要设定时间期限。

在以上六点的基础上制订绩效改进计划，才更具针对性，能更好地对被考核者的工作绩效起到改进的作用。以下是绩效改进计划表，如表8-13所示。

表8-13 绩效改进计划表

员工个人绩效改进计划表				
评估时间		年　月　日—年　月　日		
员工姓名		班组		
入职时间		上季度绩效等级		
考核主管姓名		考核主管职位		
绩效不佳表现描述（业绩不佳的具体说明）： 				
绩效不佳的原因分析（根据绩效不佳原因，进行详细的阐述和说明）： □专业技术 □个人兴趣 □工作回报 □教育培训 □内部沟通 □工作价值 □其他 被考核人签字：＿＿＿＿＿＿　　　考核主管签字：＿＿＿＿＿＿				
绩效改进计划时间（提醒：绩效改进计划时间间期为3个月） 绩效改进计划开始时间：＿＿＿＿　绩效改进计划结束时间：＿＿＿＿ 列明预期需要达到的结果与具体时限，在此时限内，该被考核者必须实现其所承诺达到的结果，以满足所需的绩效改进计划： 被考核人签字：＿＿＿＿＿＿　　　考核主管签字：＿＿＿＿＿＿				
考核主管关于绩效改进计划最终结果的评价： □被考核者已经达到了改进计划的要求 □被考核者没有达到改进计划的要求，留岗查看不合格者，建议采取以下措施： 　　　A.部门内部调岗 　　　B.根据公司岗位空缺进行内部应聘 　　　C.降级、降薪 　　　D.离职 　　　E.其他建议： 被考核人签字：＿＿＿＿＿＿　　　考核主管签字：＿＿＿＿＿＿ 签字日期：＿＿＿＿＿＿　　　　　签字日期：＿＿＿＿＿＿ 审批人签字：＿＿＿＿＿＿　　　　总经理签字：＿＿＿＿＿＿ 签字日期：＿＿＿＿＿＿　　　　　签字日期：＿＿＿＿＿＿				

2.绩效改进策略

做绩效改进，需要遵循一定的策略和方法。

（1）激励策略。

激励策略，包括正向激励和负向激励。

①正向激励，应当以鼓励为核心手段，如奖金、升职、提拔等，激励员工更加积极主动工作。

②负向激励，应当以惩罚为核心手段，如扣发奖金、降薪、免职、解雇、开除等。对于出现轻微过错的员工，可以采取口头责备、暗示等方式对他们进行告诫。

两者相结合，有赏有罚，更具激励性。

（2）变革策略。

很多事实证明，被考核者绩效低下，不是因为其主观因素造成的，而是由于组织制度的不合理、运行机制的不健全导致的。因此，采取相应的变革策略是很有必要的。通过系统的组织诊断，找出其中存在的问题，采取针对性措施，对组织结构、人员配置、作业方式进行变革和调整，为考核者营造优良的绩效考核环境。

第九章
绩效解码：常见绩效落地问题答疑

　　相信很多人对自己公司的绩效考核并不满意。面对现有的绩效管理考核体系，企业内部一片怨言，甚至连人力资源部人员也发出了抱怨的声音。在绩效管理落地的过程中，常见的一些落地问题，让他们两头不讨好，这些问题成为让他们感到着实头疼的事情。为此，他们极力寻找着问题的答案。

第一节　绩效考核，谁说了算

　　一般而言，公司的绩效考核流程，先由部门负责人进行评分，然后再由人力资源部根据整体表现打分。这两项分数，基本上决定了员工的绩效考核成绩，也会影响到员工的薪资和奖惩。

　　从理论上讲，绩效管理的实施的确是这样运行的。但在实际操作过程中，一方面，总会出现这样那样的问题。就是当人情世故遇上规则和制度时，部门负责人、人力资源部或多或少会护短，给部门员工打高分。

　　案例：

　　陈诚是一家公司的HR，他所在的公司最近正在推行绩效考核。在工作过程中，陈诚遇到了这样的问题："绩效考核，到底谁说了算？"普通员工的绩效考评，都是由部门负责人进行评分，然后再由人力资源部进行评分，最后合计得出总分。总分和员工的收入直接挂钩。但在运行的过程中，却出现了令人意想不到的情况。有的员工负责人认为，某一员工的总分低了，就去找人力资源部调高分数；有的部门负责人认为有的员工回款率不太理想，于是部门负责人就找出产品、市场、客户等各种主观、客观的原因，要求人力资源部不要再考核回款率这一指标。所以，陈诚觉得，如果公司的考核成为现在这样的形式主义，不但没有起到调动员工积极性的作用，还养成了员工目无法纪的坏习惯。这样，最后员工绩效考核结果，都是由部门负责人决定的。同时，陈诚认为，绩效考核的结果，本身就不应该由部门负责人说了算。为此，陈诚找公司老板谈话，询问老板自己的想法是否正确。

另一方面，当在绩效考核过程中遇到问题时，部门和人力资源部会互相推诿责任，甚至老板也会因为办事不利而责备人力资源部。

面对这两种情况，人力资源部认为自己有苦说不出。到底绩效考核，谁说了算？

1. 部门负责人能说了算吗？

有人认为，绩效考核的执行，应当由部门负责人说了算。但部门负责人是代表企业的老板来管理该部门员工的，是企业经营中履行特定职能的代理人。所以，部门负责人并不能对绩效考核说了算。

2. 人力资源部能说了算吗？

人力资源部，本身就是十分客观、中立地代表公司的立场，进行相应的绩效考评的处置。但是，人力资源部对于每个部门的运行流程、经营模式、业务模式等，并不是很熟悉。如果不了解这些具体的流程运作，能够真正做出客观、合理的评价吗？

案例：

某人力资源部制订财务部的绩效考评。人力资源部的人员，从来就没有做过财务部的相关工作，对财务部的业务流程、工作范围等很多内容没有详细的了解。面对这样的情况，该公司财务部员工会对人力资源部的考核认可吗？显然非常困难。

3. 老板能说了算吗？

既然部门负责人和人力资源部，都不能说了算。那么企业老板能说了算吗？老板是一家企业的最终决策者，他对企业的整体运营负责。但如果企业事无巨细都由老板说了算，公司还要那么多负责人有什么用？

如此看来，在"绩效考核，谁说了算"的问题上，没有一个清晰的界定。但无论如何，绩效管理体系并不是独立存在的，而是在企业的其他体系中穿插进行。那么在绩效管理体系的设计、运行等环节，老板、人力资源部、部门负责人应当分别履行什么职责呢？

1. 在绩效管理体系设计环节

（1）老板。

老板将自己的主要精力放在企业的整体运营上，这无可厚非。但当企业成长、壮大到一定阶段时，企业团队不断扩大，此时就应当偏重于人才管理。

（2）人力资源部。

在绩效管理体系设计环节，企业人力资源部需要明确地将企业的核心价值观、企业愿景、经营模式等输出给每一位企业员工，并将其注入绩效评估理念当中，形成企业特有的"绩效文化"。

（3）部门负责人。

作为部门负责人，要积极参与绩效管理体系的设计，要明确这一过程与企业研发、生产、业务同等重要。

2. 在绩效管理体系运行环节

在绩效管理体系运行环节，员工作为被考核者，只有更加努力，才能得到理想的绩效结果。

（1）老板。

老板下达指令，把任务交给部门负责人和人力资源部，要求双方共同完成绩效考核工作。

（2）人力资源部。

人力资源部负责各个部门员工的绩效考评工作。

（3）部门负责人。

部门负责人成为部门内每位员工实施绩效考核的助手，帮助员工提高工作效率。同时，部门负责人还负责对部门内员工的绩效考核得分计算与评估，并将员工的考核成绩与评估结果上报给人力资源部。

总而言之，在绩效考核过程中，老板、人力资源部、部门负责人、员工共同参与。人力资源部借助专业知识，将公司的集体决策者的思想表现出来，而老板则对公司的整体绩效管理工作做宏观把控，这样的绩效管理体系才有灵魂。

第二节 如何避免绩效考核中的"老好人"现象

很多人力资源从业者经常会遇到这样一个难题，"如何避免绩效考核中的'老好人'现象？"

案例：

某生产型公司，旗下有3家公司。目前实行了KPI考核，实行的是S卓越（90分以上）、A优秀（89.9~80分）、B良好（79.9~70分）、C合格（69.9~60分）、D不合格（60分以下）的等级排名法。在执行了一段时间之后，出现了一个问题。部门负责人在给下属打分的时候，为了不得罪人，给员工打分都集中在89.9~80分阶段。这样导致在进行等级排名的时候，处于A优秀等级的员工人数，占了总人数的85%。这样的绩效考核结果直接打击了员工的工作积极性。

其实，很多企业在实施绩效考核的过程中，都会出现建立绩效计划的时候轰轰烈烈，进行绩效考核的时候拖拖拉拉，做绩效考评的时候和和气气。这些都是企业实施绩效管理过程中的通病。尤其是这种"老好人"现象，情况更糟糕。这在某种程度上，是在弄虚作假。

1."老好人"现象成因

出现这种"老好人"现象的原因有两点：

（1）客观原因。

绩效管理体系不完善，包括打分反馈控制力不足，以及绩效考核体系本身对打分结果有偏差，不具有足够的纠偏能力。

（2）主观原因。

主观原因，主要体现在考核者对待考核态度不严肃、存在各种认知误区，在实施绩效考核的过程中，部门负责人怕伤了部门和气、怕得罪下属、怕下属流失，便做了"老好人"。

2. "老好人"现象的后果

"老好人"现象，带来的是"平均主义"。在这种"平均主义"下，更容易滋生员工的"大锅饭"思想，让员工认为干多干少、干好干坏，对自己的收入影响都不大。这样会使员工逐渐失去奋斗的动力，既不利于员工的成长，也不利于企业的发展。

3. 克服"老好人"现象的方法

无论是客观原因，还是主观原因，制度是解决问题最好的手段。所以，克服"老好人"现象，可以从以下两方面入手：

（1）提高管理者的诚信素养。

自身不正，何以正人？绩效考核的实施和推行，需要诚信素养作后盾。这样，才能上行下效，发挥管理者的表率作用。对于管理者来讲，要做好诚信的倡导者，更重要的是要做诚信的忠实执行者。

案例：

某生产型公司在陷入"老好人"的考核窘境中后，人力资源部专门召集所有员工进行讨论与反思，将此次"老好人"事件上升为诚信缺失的高度，并且在企业价值观中，增加了一条"诚信底线"。此后，该公司将"诚信"作为公司内部全员必须坚守的底线，严禁部门负责人在绩效考评过程中出现弄虚作假的行为。这一举措，为该公司高效推行绩效管理，奠定了良好的基础。在此后的绩效考核过程中，员工的绩效考核结果和评估结果都不再失真，有效提升了员工工作的主观能动性，更加速了企业长远目标的实现。

（2）建立奖惩约束机制。

任何不公，在制度的严格约束和规范下，必然能够趋于公平、合理。这也是经过实践所证实的。同样，绩效考核要想在全体被考核者中做到公平、合理，就需要借助制度之力，建立奖惩约束机制。对于每一位考核者，如果有人做出失信行为，就要受到相应的奖惩，以此对他们的行为进行约束。而且这样的奖惩，要具体落实到考核者的职务任免、级别升降、薪酬分配等具体环节当中。这样才能使绩效考核真正做到公平、公正。

第三节　员工不接受绩效考核结果怎么办

很多人力资源从业者都遇到过这样的问题，那就是员工普遍不接受绩效考核结果。

员工之所以不接受考核结果，通常是因为对绩效考核的公平性、公正性存在不满。

案例：

某生产电脑元部件的公司，生产部门有将近200人，在一年前开始推行绩效管理。目前采取的是月度绩效考核方式。通常，在每个月的绩效考核结果出来之后，都需要员工签字确认，并将这份考核结果作为员工晋升、薪酬发放的依据。有一次，绩效考核结束后，生产部门的小李找到人力资源部，表示对考核结果不服。原因是，和他在同一生产线上的小刘，平日工作懒散，偷奸耍滑，技术熟练度比自己差，与其他员工协作能力也差，工作效率低下，而考核成绩却比自己高。据小李了解，小刘与部门经理存在亲属关系。显然，在这次绩效考核中，部门经理对小刘的绩效评价存在偏袒，同时也怀疑对自己的绩效评价不客观。所以，小刘找到了人力资源部反映情况。

显然,小李对自己部门内的绩效考核的公平性、公正性存在异议,所以不接受绩效考核结果。

解决方法:建立绩效申诉渠道,化解员工异议

在遇到员工对绩效考核结果不满的时候,企业首先应当建立一套绩效申诉机制,以保证对员工的异议能够快速接收,并作出相应的分析和调整。

员工通过绩效申诉渠道进行申诉,是常有的事情。通过这样的渠道,可以及时表达自己的想法,有利于员工的身心和未来的发展。否则,员工私底下抱怨,不利于企业积极健康文化氛围的维护,降低了企业公信力。

通常,申诉渠道有三个层次:

(1)各部门应当建立起绩效申诉渠道。

(2)在人力资源部增设申诉部门,专门受理和调查相关问题和情况。

(3)绩效管理委员会下设的绩效管理团队,作为绩效申诉的裁决部门。

申诉的具体操作流程:各部门应当建立起绩效申诉渠道,有问题尽量先在部门内部解决。如果在部门内部沟通、解决无效,可以通过人力资源部解决。人力资源部需要找到责任人,进行详细的调查,给出合理的解释和处置方法。如果人力资源部依然对员工的绩效申诉没有解决,则可将申诉资料和处理意见上报给绩效管理团队。绩效管理团队通过与申诉人进行约谈,资料和证据审核,形成最终意见,并采取双方共同认可的措施。

第四节 高绩效员工是否需要遵循企业规章制度

在绩效考核中,有一项考核指标是 KPI。但对于那些高绩效员工是否需要遵循企业规章制度,每天打卡、按时上下班的问题,是很多企业做绩效考核过程中需要探讨的问题。

案例：

小杰是某公司的销售部员工。因为工作需要，小杰很少能够按时打卡，迟到、早退、旷工是常有的事。有时候，因为客户时间问题，一大早就要约见客户，自然不能按时到岗打卡；有时因为与客户商谈产品销售的相关问题，甚至与客户应酬，大半夜才能回家。正是因为终日在外忙碌和付出，连续一年的时间里，小杰的销售额在全公司无人能敌。但与此同时，销售部的其他员工，对于小杰的这种无视公司制度的做法表示不满。有人抱怨，为什么公司的规章制度只对他们严格，却对小杰宽容？有的员工甚至效仿小杰，还有的人为此到人力资源部讨要说法。对于小杰而言，虽在业绩考核上无人能敌，但在KPI考核上，却分值很低。绩效考核结果出来之后，小杰发现自己的KPI分值被扣得几乎为零。小杰认为自己迟到早退，是去为公司创造业绩去了，并不是个人原因导致。面对这样的考核结果，小杰找到人力资源部，表示不服。

这样的员工是应该放任自由，还是应该以制度约束？

1. 制度约束原理

有人认为，对那些高绩效员工，需要进行制度约束。管理学界，有一个"破窗理论"。讲的是，如果一个窗户破了，没有得到及时修缮，自然会有人认为，这里没人管，从而也去打破更多的窗户，甚至有人入窗行窃，往窗户里扔东西。久而久之，良好的秩序就开始逐渐沦为混乱，犯罪率不断上升。要治理这样的乱象，就需要有人站出来管理。

同样，小杰不遵守公司规章制度，不能按时做好考勤，虽然没有给公司造成损失，但却让其他员工看在眼里。这就和"破窗"一个道理，会激发员工效仿，甚至违反更严重的企业制度，最终会给企业造成损失。"所有人看到违规—效仿违规—秩序混乱—秩序失控",这也就是企业不得不惩罚那些 KPI 考核结果差的员工的原因。

2. 弹性工作原理

有人认为,在不影响工作的情况下,如果能为企业创造出高绩效,给予其适度的弹性,未尝不可。因为,很多人或许只看到了高绩效员工迟到这件事,却没人知道他迟到的背后原因。

你看到了他迟到,却没看到他加班到很晚。既然是高绩效员工,必然在工作上的投入,远大于普通员工。一个整日和大家一同行动、付出相同努力的人,不可能超越同行人、获得高绩效、成为优秀的人。越是优秀的人,越有自己独特的生活、工作习惯或者时间观。这就是为何给予高绩效员工适度弹性的原因。

3. 特殊岗位特殊对待

关于高绩效员工是否要 KPI 考核的问题,需要根据具体公司的实际情况来考量。

如果是销售部门,企业重点看重的是业绩,而不是考勤,再加上岗位工作需求,很多销售业务人员是需要外出与客户洽谈,那么就可以在制度管理上稍作宽松处理。

如果是技术部门,企业更看重的是研发成果,而不是考勤。特别是那些高科技岗位,过分强调 KPI,也是无用的。因此,技术部门员工在制度管理上,可以给予适当的弹性。

如果是行政部门,基于其工作内容和工作性质的要求,需要注重 KPI 的考核。

如果是生产部门,工作性质决定其必须在固定的工作岗位上完成,那么就需要严格注重员工的 KPI 考核。如果考核结果较差,就需要酌情进行淘汰。

第五节　如何化解老板要业绩和员工要高薪的矛盾

在业绩和薪水的问题上，老板和员工永远站在对立面。

对于老板而言，永远注重的是员工为企业创造的业绩有多少？自己在员工身上花出去的钱，到底值不值？员工的产值和价值是否有所增加？为了找到这些问题的答案，老板总是用绩效考核对员工提高要求。

对于员工而言，永远关注的是，自己能拿到多少薪水？如何拿到更高的薪酬？

事实上，某些老板很少关注员工的成长，这会导致企业员工流失率极高，企业人力成本增加。

案例：

以销售部为例。在每年的销售旺季，员工销售额自然要提升很多，可以为企业创造更多的业绩，也能获得高收入。但进入淡季时，员工销售额下降，企业整体业绩下降，老板不满意，员工拿不到高薪酬，就会想着跳槽。然后，企业还需要拿出人力成本，进行人才招聘。

面对老板要业绩、员工要高薪的矛盾，企业实施绩效管理是最好的解决办法。

但在现实中，很多企业在发展过程中，发现员工出现问题时，就将这些问题列为考核对象。事实上，绩效考核只是绩效管理的一种手段。考核并不是所有的管理手段，也不能代替管理，并不是所有管理都需要进行考核。如果考核越来越复杂，也对企业管理团队的能力、素质等提出了更高的要求。但事实上很多企业不具备这样的能力和素质。

那么究竟该如何进行绩效考核呢？如何将老板要绩效与员工要高薪的矛盾化解呢？有以下三个步骤：

第一步，找出岗位价值点。

给员工找出能够加薪的 6~8 个渠道（即 6~8 个岗位价值点），将岗位价值点作为相关考核指标，这些指标与公司利益密切相关。然后将这些指标与岗位薪酬挂钩，而且加薪不设上限。员工干得多，拿得多，完全取决于自己的努力。这样就能极大地激发员工的工作积极性，让他们认为工作都是为了自己。

案例：

以销售经理岗位为例。销售经理岗位的价值点指标可以是：销售额、员工培训、团队业绩、人创绩效（销售额÷员工人数）、回款率、毛利率、员工主动流失率、新客户、客户投诉等。

第二步，设置平衡点。

所谓平衡点，就是企业利益和员工利益的制衡。这里的利益平衡点，是根据历史数据或员工和老板协商得来的，因此双方都能对这个平衡点认可和满意。

那么如何寻找这个利益平衡点呢？方法主要有三种：

（1）盈亏平衡点。

盈亏平衡点，也可以称为"保本点"。这对于初创企业、处于亏损期的企业比较有效。

（2）历史均值。

历史均值，即全年平均值、各季度均值等。

（3）共识点。

共识点，即企业和员工能够达成共识的支点。

第三步，根据平衡点和指标数据，确定薪酬方案。

以下是某企业根据平衡点和指标数据，设定的销售经理薪酬方案，如表9-1所示。

表9-1　销售经理薪酬方案

		K1 销售额	K2 回款率	K3 人创绩效	K4 新客户	K5 客户投诉（分级）	K6 人员主动流失数	K7 培训课时	K8 加分项	岗位工资
薪酬结构	月薪权重	25%	25%	10%	10%	10%	15%	5%	随机	100%
	占比金额	2500	2500	1000	1000	1000	1500	500	随机	10000
	平衡点	300万	98%	5分	200人	200人	0人	4小时	随机	
	奖励刻度	每多 1%	每多 0.5%	每少 1分	每少 1人	每少 1人	每少 1人	每多 无	随机（只奖不罚）	
	奖励尺度	奖励¥50	奖励¥50	奖励¥50	奖励¥50	奖励¥50	奖励¥50	奖励 无		
	少发刻度	每少 1%	每少 0.5%	每多 1分	每多 1人	每多 1人	每多 1人	每少 1小时		
	少发尺度	少发¥30	少发¥30	少发¥30	少发¥30	少发¥30	少发¥30	少发¥30		
薪酬说明	说明数据提供人	仓库和财务部	品管部	销售和生管部	销售和生管部	销售部	人力资源部	人力资源部	管理层	

以上弹性薪酬的好处是：对于员工来讲，自己的工作有了重点，有了目标；工资拿多拿少，完全凭自己的努力。对于企业来讲，能够激励员工主动为企业创造更大的价值；如果员工绩效没达到平衡点，说明其工作不到位，自然拿不到高薪；如果员工绩效达到了平衡点，说明员工做得很不

257

错；如果员工绩效超过了平衡点，说明员工有很大的潜力去开发，能为企业创造更高的利润。

第六节 如何使绩效考核简单易行

任何一个企业，做绩效考核时，考核内容都由企业实际情况而定。但无论考核的内容是什么，最重要的一点，就是要在内容设置上，避繁就简。简单易行的绩效考核，才更容易落地。

1. 简单

无论是中小微企业，还是规模较大的企业，简单的绩效考核，往往在实施过程中，更加易于被考核者理解和接受，易于考核者执行。制订绩效计划是整个绩效管理过程中最关键的一环，绩效计划制订得好，后续实施才能收到理想的成效。在制订绩效计划的时候，就要本着删繁就简的原则进行操作。

案例：

某建筑公司成立于2008年，在成立之初，就确定了"致力于为客户提供优质服务"的目标。如今，该企业已经历了12年的发展，经过管理模式、内部运转模式的改革，成为一个较为成熟的、有自己管理风格的企业。该公司在质量、工期、文明施工方面，已经打造了属于自己特有的标签，而高效执行和良好的风控，则成为其多年来能够在市场中站稳脚跟的有力保障。该公司还有一个特点，就是在岗位设置上，采取项目经理负责制为中心的岗位辐射制度；反映在考核内容上，就成了定性、定量相结合的指标体系。单位体量的采购成本、人员成本、管理费用、返工费用、客户投诉、安全生产等各项关键指标都跃然纸上。此职位辐射的其他岗位，以"内部客户"管理模式为主，辅以不同的权重分布进行考核。虽然指标体系简单，但考核的导向十分明确。

2. 易行

在选择适合本企业实际情况的绩效管理方法时，不仅需要考虑企业自身管理的特点、企业文化、领导的管理风格等是否与绩效管理体系相吻合，还需要考虑绩效管理体系本身的特点、绩效考核方法的实用性，易操作性。在绩效考核过程中，有很多表单需要填写，所以在设计表单时，要遵循实用易行的原则，保证做到内容规范、格式统一。

案例：

在具体操作过程中，有需要考核者和被考核者填写的表单，这些表单内容要明晰、易于理解。否则，考核者和被考核者在填写相关信息时，会模棱两可甚至一头雾水。显然，在操作过程中，给考核者和被考核者带来了一定的困难。

总之，在进行绩效考核时，如果不能做到简单易行，就会让考核效率大打折扣。

第七节 绩效指标是不是越量化越好

很多企业在进行绩效指标设定的时候，会认为绩效指标越量化，越能体现绩效考核的公平性、公正性。

量化指标确实具有简单明了、易于操作、独立性高、结果客观公正等特点。但并不是所有的绩效指标都可以量化。原因主要有两方面：

1. 有的考核内容不适合进行量化考核

对于电力、供水、废物处理、燃气供应、交通、通信等企业，其最大特征就是为民众提供服务，服务意义大于经营意义。这就决定了这些企业的绩效有着不同的含义，相较于仅以营利为目的的企业有很大的区别。

2. 某些职位不适合进行量化考核

企业内的职能部门中的职位，是不适合进行量化考核的。如人力资源部、行政部、财务部等员工的岗位职责是服务性质的工作，内容大多数难以量化，缺乏可以用数据来体现的考核项目，其产出的结果，往往根据职能的不同而有所不同。而且，通常因人为因素，而导致产出的结果难以实行定量考核。如果一味地对这些职位的员工的绩效进行量化考核，企业只能在绩效评估这条路上越走越远。

那么对那些无法量化、不适合量化的指标难道就无法进行考核了吗？当然不是。对于这类指标，在通过一定的转化之后，同样可以成为考核指标。主要方法有以下两种方法：

1. 流程化

对于人力资源部、行政部、财务部来说，员工的工作主要是围绕整个业务流程进行，因此，对于这些部门难以实行定量考核的指标，可以根据业务流程进行考核。每个流程都达到公司设定的目标，则意味着员工和部门的整体工作完成。

案例：

以下是某企业将人力资源部不适合量化的指标进行流程化后，形成的考核指标，如表9-2所示。

表9-2 某企业将人力资源部流程化后形成的考核指标

流程	指标
培训计划制订	9月25日前制订下月培训计划，计划内容符合公司对培训工作的要求
培训实施	1.本月培训按照计划实施，培新时间10小时以上 2.培训组织工作效果评估平均分90分以上
培训效果评估	学员考核通过率达到95%以上

2. 行为化

有的工作并不能按照流程进行，流程化也难以实现。对于这类工作，可以将其转化为工作行为，然后再进行考核。比如，销售部门经理与下属之间的沟通，这是一项比较重要的工作。企业要对销售经理的这项工作进行考核，就可以根据企业的实际情况，进行行为计划设计。

案例：

某企业销售经理与下属之间进行沟通，通常是通过会议的形式进行的。为了对销售经理的这项工作进行考核，就将这项指标进行了转化，将其设计为：本月至少2次部门内部交流会。如果销售部经理与下属之间的沟通是通过个别谈话进行的，那么指标也就随之变为：本月销售部经理至少与75%以上的员工进行一次120分钟以上的面谈。

总之，企业实施绩效考核，目的在于实现企业的战略目标和经营目标。对于职能部门进行考核，要想方设法将考核目标进行有效转化，重视流程类指标和行为类指标的作用。

参考文献

[1] 吴志明.KPI:帮你解决绩效评估中的难题[J].中外管理导报,2001:2.

[2] 饶征,孙波.以KPI为核心的绩效管理[M].北京:中国人民大学出版社,2003:40.

[3] 尹隆森,孙宗虎.目标分解与绩效考核设计实务[M].北京:人民邮电出版社,2006.

[4] 徐斌.绩效管理流程与实务[M].北京:人民邮电出版社,2006.

[5] 段波.关键绩效指标法在绩效指标体系设计中的问题与对策[J].中国劳动,2005(10):58.

[6] 魏均.绩效指标设计方法[M].北京:北京大学出版社,2006.

[7] 于芳.绩效考核指标的制订原则[J].现代情报,2003(1):150–151.

[8] 叶畅东.关键绩效指标体系建立研究[J].现代管理科学,2005(7):100–101.

[9] 陈丹红.构建关键绩效指标体系的流程分析[J].商场现代化,2006(4):131–132.

[10] 龙成凤,李淑清.关键绩效评价指标的设计[J].经济论坛,2006(20):77–79.

[11] 马伟新,姚月娟.企业关键绩效指标体系探讨[J].山西财经大学学报:高等教育版,2006(51):4–5.

[12] 顾英伟,李娟.关键绩效指标(KPI)体系研究[J].现代管理科学,2007(6):79–80.

[13] 于静,彭然.KPI方法在量化管理中的应用研究[J].西安电子科技大学学报:社会科学版,2003(12):66-70.

[14] 苏钧.员工工作分析、薪酬设计与绩效考核实务全书[M].北京:经济科学出版社,2007:237-243.

[15] 钱博,刘欣.KPI:指引绩效考核走向成功[J].中国电力企业管理,2007(8):44-45.

[16] 顾元勋.人力资源主管与ERP[M].北京:清华大学出版社,2006:43.

[17] 付亚和,许玉林.绩效考核与绩效管理[M].北京:电子工业出版社,2009.

[18] 史东雨.基于KPI的企业绩效考核体系实证研究[J].商业时代,2009:30-32.

[19] 张川,潘飞.国内外综合业绩评价体系的研究评述[J].当代财经,2008:120-123.

[20] 赫尔曼·阿吉斯(Herman Aguinis).绩效管理[M].3版.刘昕,柴茂昌,孙瑶,译.北京:中国人民大学出版社,2013.

[21] 达纳·盖恩斯·罗宾逊,詹姆斯·C.罗宾逊.绩效咨询,人力资源和培训管理.专业人士实用指南[M].田力,译.北京:清华大学出版社,2011.

[22] 彼得·F.德鲁克,等.公司绩效测评[M].李焰,等,译.北京:中国人民大学出版社,2000.

[23] 孙宗虎.关键绩效指标实操全案:KPI的选择、监控和实施[M].北京:化学工业出版社,2014.

[24] 常雁.Z通信公司绩效考核体系构建方案研究[D].昆明:昆明理工大学,2011.

[25] 罗双平.绩效量化考核方法、案例及模板[M].北京:化学工业出版社,2010.

[26] 谢志勇.部门绩效考核实践[J].企业管理,2014(6).

[27] 王艳艳.MBO、KPI、BSC绩效指标体系设计思想比较研究[J].科技创新与生产力，2012（4）.

[28] 刘海涛.基于BSC理论的KPI在绩效管理中的应用[J].管理工程师，2010（6）.

[29] 王敏志.企业关键绩效指标的构建[J].现代商业，2012（5）.

[30] 彭剑锋，等.绩效指标体系的构建与维护[M].上海：复旦大学出版社，2008：12.

[31] 姚小风.生产人员绩效量化考核全案[M].2版.北京：人民邮电出版社，2014.